직장인의
삶과
인생철학

직장인의 삶과 인생철학

초판 1쇄　2014년 09월 12일

지은이　최주호
발행인　김재홍
디자인　이호영, 박상아
교정교열　여상미
마케팅　이연실

발행처　도서출판 지식공감
등록번호　제396-2012-000018호
주소　경기도 고양시 일산동구 견달산로225번길 112
전화　02-3141-2700
팩스　02-322-3089
홈페이지　www.bookdaum.com

가격　15,000원
ISBN　979-11-5622-040-4 13320

CIP제어번호　CIP2014026298
이 도서의 국립중앙도서관 출판시 도서목록(CIP)은 e-CIP 홈페이지(http://www.nl.go.kr/ecip)에서
이용하실 수 있습니다.

OFFICE WORKERS' LIFE AND ITS PHILOSOPHY

직장인의 삶과 인생철학

39년의 직장 생활 성공의 노하우가 담긴 실천형 지침서

최주호 지음

지식공감

책을 펴내며

본서는 39년 간 직장생활을 하면서 실천한 일들과 직장생활 가운데 알게 된 자기개발 내용과 성공의 디딤돌이 되는 삶의 철학을 소개하고자 한다.

Part 1에서는 성공의 첫걸음이 되는 삶의 목표 설정과 연구개발시험에서 수반되는 각종 계측용 센서와 장비의 개발 및 정비 과정의 내용들로 구성되어 있다. 특히 화살 탄 시험에 사용된 솔레노이드 코일시스템과 총포의 주퇴복좌기 운동을 분석할 수 있는 측정시스템 및 도플러레이더 교정기 개발 등은 세계 최초 이거나 최고의 신기술로 개발된 일화(逸話)들을 소개하였다.

Part 2는 직장 내에서 상사로부터 사랑받을 수 있는 직장인의 마음자세와 회사를 위한 활동과 역할에 대한 것들이 설명되어 있다. 그리고 회사에서 사랑을 받을 수 있는 것은 조직이 원하는 일만 하는 봉급생활자의 마음이 아니라 자영업자의 마음을 가질 때 사랑받는 직장인뿐만 아니라 성공하는 직장인이 될 것이라는 내용이다.

Part 3은 자기개발에 관한 내용을 기술하였는데, 메모하는 습관과 독서를 통한 인생의 변화와 성실한 자가 되고 또 긍정의 말을 하며, 자신의 단점이나 약점을 보완하는 일과, 실패를 하나의 배움의 기회로 삼고, 어떤 일을 반복할 때 얻을 수 있는 비밀과 끝까지 인내하며, 성공을 먼저 보고, 남들과 다르게 살아가는 생활 및 자기계발로 토끼를 이기는 거북의 살아가는 지혜를 배울 수 있다.

  Part 4는 성공의 디딤돌이 되는 마음자세와 인생을 완벽하게 준비하고 때를 사며 또 불평하는 기술을 익히고, 정신적으로나 육신적인 삶을 성공적으로 살기 위해 포기하지 않고 끝까지 인내하며, 행복한 인생을 사는 기술을 배울 수 있는 성공의 조건들을 수록하고 있다.

  본인은 국방과학연구소(ADD)에 근무하면서 삶의 두 가지 목표가 있었다. 그 두 가지 중 하나는 학위를 하는 것과 다른 하나는 세계적인 기술개발을 하는 것이었다. 첫 번째 목표는 근무위탁으로 석사와 박사 학위를 하였다. 이러한 학위를 통하여 연구 활동을 좀 더 깊게 할 수 있었고 정년 이후에는 대학의 겸임교수와 전문기관에서 강의를 할 수 있는 기회가 되었다.

  그리고 두 번째 목표인 세계적인 기술개발은 그동안 연구한 것들을 곰곰이 생각해보니 각종 계측용 센서와 계측장비들이 세계 최초이거나 최고성능의 제품이라고 여겨지는 것이 있었다. 연구소에서 연구하고 개발한 기술들이 정년 후 재취업한 직장에서 새로운 제품개발에 활용될 수 있는 좋은 기회가 되었다.

  본서를 통하여 34년간 근무한 연구소 생활의 일부를 구체적으로 소개하였으며 실제 있었던 사실을 여과 없이 전하려고 노력을 하였지만, 기술한 내용의 오류나 자신의 자랑으로 여겨지는 일이 없기를 바랄 뿐이다.

  이 책자를 통하여 인생을 사는 기술을 연마하고 성공적인 직장생활을 영위하는데 많은 도움이 있기를 진심으로 바라마지 않는다. 그리고 누구나 맞이하게 되는 정년이나 노후에 대한 대책을 사전에 준비하고, 어떠한 환경에서도 승리하는 삶이 되었으면 한다.

2014년 9월

최주호

| CONTENTS |

자영업자의 마음을 가질 때
성공하는 직장인이 될 수 있다!

1

목표 설정과 도전

OFFICE WORKERS'
LIFE AND ITS PHILOSOPHY

직장인의
삶과 인생철학 

성공의 첫걸음

어떤 일이든지 계획 수립의 첫출발은 올바른 목표 설정에서부터 시작된다. 공부나 입시, 가정 살림, 회사 및 국가 운영 등의 분야도 목표 설정은 계획 수립의 필수 요건이다.

그러나 현실을 고려하지 않고 막연하게 희망하는 목표는 도전 의식보다 오히려 좌절감을 안겨 줄 가능성이 높다. 달성 가능한 목표 설정은 외부 환경의 분석과 내부 역량 분석 결과 등을 바탕으로 하는 것이 정석이다.

누구나 명확한 목표를 가지고 살아야 성공적인 삶을 살 수 있다는 것을 알고 있지만 목표를 세워 그대로 실천하는 사람은 예상외로 많지 않다. 그러나 어느 분야에서나 성공한 사람들은 목표를 세우고 그 목표를 향해 어려움과 시련을 극복하고 꾸준히 노력한 사람들이라는 것을 알 수 있다.

목표는 인간에게 방향을 준다. 목표는 인생의 표적이며 성공의 핵심이다. 목표가 없는 인생은 의미도, 성장도 그리고 행동도 없다.

목표 설정은 성공의 첫걸음이다. 향상을 바라는 사람은 어떤 목표가 있고 그곳을 향하여 노력하고 재능을 키워간다. 거기에는 계획이 필요하다. 한 인간에게 계획이 없다는 것은 건축업자에게 청사진이 없는 것과 같다.

폴 마이어는 목표 설정의 중요성을 강조하며 다음과 같이 말했다.
'모든 것을 실현하고 달성시키는 열쇠는 목표 설정에 있다'
내 성공의 75퍼센트는 목표 설정에서 비롯되었다. 목표를 정확하게 설정하면 그 목표는 신비한 힘을 발휘하게 된다. 목표 달성의 시한을 정해 놓고 매진하는 사람에게는 목표가 오히려 다가오게 된다.
목표 설정을 위한 마음가짐으로 중요한 것은 자기나 다른 사람들을 행복하게 하기 위해서 이루어야 할 목표를 설정하는 것이 중요하다.

우수한 학생이 되고자 한다든지 또는 좋은 남편이나 아내가 되고 싶다든지 사업으로 성공하고 싶다든지 등 우선 그러한 장기적인 목표를 정한다. 그리고 그것을 달성하는 데 필요한 시간, 노력, 자금 등을 고려한다.

목표를 정하는 데는 일정한 방법이 있다. 법률이나 인도에 벗어나는 일은 안 된다. 그리고 이미 말했지만 가능성이 있어야 한다.
아주 불가능하다고 생각되는 일은 바랄 수도 없다. 그러나 목표를 세워서 노력하면 할 수 있으리라고 막연히 생각한 그런 일도 때로는 가능한 경우도 있다.
또 목표가 자기가 싫어하는 일일 때에는 태도를 바꾸어 전력을 다해서 일에 몰두해야 한다. 도저히 일을 할 수 없다고 생각될 경우에는 목표를 세우기 전에 충족감을 느낄 수 있고 장래성 있는 새로운 일을 찾는 편이 좋다.

연구소 재직 시절 나에게는 두 가지 목표가 있었다.

첫째가 학위를 하는 것이고 두 번째는 세계적인 기술개발을 하는 것이었다. 연구소에 재직하면서 다른 어떤 것보다 나 자신의 목표를 분명히 가지고 있었다. 분명한 목표설정을 하다 보니 그 목표가 항상 나를 다른 곳으로 이탈하지 않도록 붙들어 주었다.

이것이 정년을 한 이후에 나의 작은 물줄기[1]가 될 줄이야 꿈에도 생각하지 못한 일이었다.

- 인생의 목표 설정은 성공의 기초가 된다.
- 도전은 나를 잘되게 하는 디딤돌이 될 것이다.

---

1 작은 물줄기 : 작은 수입원에 비유한 말임.

정직과 정확의 짐

　대학을 졸업한 후 화신전자(화신/Sony)에 입사하여 16개월 동안 근무하고 1977년 2월에 ADD(Agency for Defense & Development : 국방과학연구소―이하 'ADD', '국방연구소', '연구소'는 같은 단체임)로 직장을 옮기게 되었다. 근무 부서는 야외시험실로, 주로 하는 일은 총포와 탄약의 무기체계 성능을 평가하는 일로 나에게 주어진 임무는 무기체계의 성능시험을 할 때 계측을 담당하는 것 이었다. 그 당시 야외시험실의 연구원은 연구업무를 수행하는 것이 아니라 무기체계의 성능을 분석할 수 있는 시험과 계측을 직접 수행하는 것이 주 임무였다. 입소 후 수 년이 지나고 나서 계측업무에 수반되는 계측기법 연구와 계측장비 개발업무를 수행하게 되었다.

　계측기법의 연구와 계측장비 개발 및 측정업무는 무기체계를 설계하거나 양산 배치를 위해 개발과 수락시험을 할 때 어떤 설계 값이나 규격의 일치나 불일치 여부를 확인하기 위해 필수적으로 수반되는 일이었다. 계측의 항목은 포구를 출발하는 포탄의 초기속도, 포강 내 압력, 음압, 변형도, 온도, 주퇴복좌기의 운동 및 가속도 등이며 이들은 무기체계의 성능을 평가하는 데 중요한 기초 자료가 된다.

이러한 시험과 계측업무는, 시험품목은 다르지만 항상 반복되는 일이었다. '정직과 정확'의 주제는 1999년 무더운 여름철 금요일 ○○탄 성능시험을 하는 도중에 발생된 장거리 추적용 도플러레이더[2] 장비의 고장으로 계측담당자로써 경험한 내용을 기술한 것이다.

장거리 추적용 도플러레이더 장비가 고장이 나던 날 모두들 즐거운 주말을 생각하며 일하고 있었다. 그런데 그날 오전에 시험을 시작한 지 한 시간 정도 지났을 무렵 운용 중인 장거리 도플러레이더(모델 : ED-6500)가 멈춰선 것이다.

이 장거리 추적용 도플러레이더는 비행 탄의 사거리 계측과 비행 상태를 추적하는 장비로 완성된 탄이나 금속부품 이탈시험을 할 때 필수 계측장비로 널리 활용되는 장비이다. 이 장비가 1, 2주 정도 멈춰서면 완성된 탄을 생산하는 방위산업체의 생산라인이 정지될 수도 있는 복잡한 문제를 안고 있었다.

그때는 시험 참여자가 수십 명 정도 되었기 때문에 시험을 하지 못할 경우 대단히 죄송스러운 일이었다. 어떻게 하든 장비를 살릴 수 있다면 살려서 시험이 진행되도록 하는 것이 나의 임무였다. 그런데 우리가 레이더 장비를 정비할 수 있는 전문가도 아니었기 때문에 그 자리에서 정비를 하여 시험을 계속하겠노라고 말할 수 있는 처지가 아니었다.

보통 개발시험이나 수락시험을 진행하게 되면 무기체계를 설계한

---

2 도플러레이더 : 도플러 효과를 이용하여 표적의 움직임을 측정하는 레이더이다.

부서 관계자와 생산을 담당하는 방위산업체 요원 및 시험장의 시험 관련자들이 시험을 직접 수행하거나 시험과정이나 결과를 관찰하고 참관하는 요원들로 수십 명에서 때로는 수백 명에 이른다.

계측장비가 고장이 난 것은 아마 더운 여름철이라 장거리 추적용 도플러레이더의 안테나가 열을 받았던 모양이었다. 우리는 하는 수 없이 시험 진행 책임자와 시험 관계자 모든 분들께 사용 중인 도플러레이더의 고장으로 시험을 더 이상 진행할 수 없음을 알려드렸다.

그 날 오후부터 고장 난 장비의 정비 방안을 의논하였다. 그 당시만 해도 도플러레이더는 국내에서 수리가 불가능하였고 고장이 나면 장비 제조회사의 도움으로 정비를 하였다. 정비 방안으로 고장 난 장비를 제조 회사에 보내야 할지 검토를 하였지만 마침 그 당시는 시험물량이 많을 때라 제조 회사에 고장 난 레이더 장비를 보낼 경우 정비 소요시간이 적어도 3개월 이상 걸리는 관계로 시험물량 처리 문제로 그렇게는 할 수가 없었다. 다음 대안으로 제조 회사의 정비 기술자를 초빙하면 적어도 3주 이상 시간 소요와 정비 비용도 최소 이천만 원 이상 소요가 된다고 하였다. 그 당시 우리나라는 외환위기를 겪고 있던 때여서 예산 사용에도 큰 어려움이 있었다.

그래서 우리는 한 번도 해 보지 않은 레이더 정비를 우리 손으로 하기로 하였다. 그날 오후부터 레이더 운용자와 나는 레이더 안테나부의 관련 회로도와 정비용 재고 부품, 도면을 확인하고 전자회로도의 이해와 고장이 쉽게 날 수 있는 부분들을 체크하며 정비 순서를 하나씩 메모해 가면서 자체적으로 정비를 시작하게 되었다.

다음날은 휴무 토요일이라 계측요원들 중 한 명만이 나와 같이 정비에 참여할 수 있었다. 젊은 연구원들은 주말에 여자 친구와 약속이 잡혀 있었고 또 다른 요원은 주말에 교회 모임이나 예배에 참석해야 하기 때문에 참여가 곤란하다고 하였다. 토요일은 나와 다른 요원 한 명만 출근하여 고장 난 장비의 안테나 뒤쪽부터 분해하기 시작하여 고장요소를 하나씩 점검하였다.

그때 분해된 크고 작은 볼트 수가 245개 정도가 되었음을 24년이 지난 지금도 생생하게 기억난다. 그런데 안테나를 분해하고 조립을 할 때 걱정스러운 것은 원래대로 복구를 할 수 있을까 하는 두려움이 있었다. 왜냐하면 손목시계가 고장 났을 경우 분해와 조립을 하면서 두 번씩이나 시계를 망가트린 경험이 있기 때문이다.

그래서 볼트와 너트의 위치와 크기에 따라 번호를 붙여, 분해와 조립에서 오는 실수를 방지할 수 있었다. 안테나의 뒷부분을 완전히 분해하고 고장이 의심되는 송신신호부의 회로를 하나씩 점검해 본 결과 송신신호를 방사하는 모듈이 동작하지 않음을 확인할 수 있었다. 마침 확보된 여분의 송신모듈로 교체하였더니 도플러레이더가 정상 동작을 하였다.

우리는 그 순간 얼마나 기쁘고 감사하였던지 말로는 그 기쁨을 표현할 수 없었다. 나와 정비에 참여한 동료 요원은 연구소에 입소한 후 가장 의미 있는 추억을 만들고 있었다. 한참 동안 장비의 정상 동작 상태를 확인한 후 분해된 레이더의 안테나를 다시 조립하기 시작하였다. 조립도 대단히 어려웠다. 조립 도중 작은 부품들의 나사산이 파손

될까봐 조심하면서 조립하였는데 분해에서 조립까지 총 4시간 30분이 소요되었다.

그 후 조립이 완료된 도플러레이더 시스템은 ‘당신들 정말 수고가 많았다’라고 말하는 듯 부드러운 기계소리와 함께 정상적인 동작을 하였다. 그 다음날 일요일은 정비된 도플러레이더를 다시 설치하고 전원 스위치를 켜는 순간 성공적인 정비가 되었음을 부드러운 기계소리로 대답해 주었다.

잘 정비된 도플러레이더 덕분에 월요일부터 자신감과 기쁨 및 감사로 지난주에 하지 못한 시험을 진행할 수 있어 관련 방위산업체에 피해를 주지 않고 무사히 모든 일들을 처리할 수 있었다. 그 후 정년을 할 때까지 정비한 도플러레이더는 큰 무리 없이 사용되고 있었다.

시험업무를 수행할 경우 안전에서부터 시험결과가 나올 때까지 항상 관심을 가져야 할 일들이 너무도 많다. 그중에서 가장 중요한 것은 정확한 계측결과 자료를 제공하는 것이다. 시험에 임할 때는 항상 두려움 같은 것이 있었는데 그것은 계측결과가 잘 나올까 하는 것이다. 이러한 두려움은 계측자의 임무가 시험의뢰자와 국가에 대한 책임을 의미한다. 혹시 실수를 한다면 방위산업체가 손해를 보거나 아니면 잘못된 무기체계가 국가에 납품되는 일이 발생하기 때문이다.

정직과 정확은 계측을 진행하는 자에게는 항상 생명과도 같은 것이다. 나는 정직과 정확이라는 단어를 늘 마음속에 품고 살았다. 만약 정직과 정확을 지키지 못한다면 이 직무를 수행할 자격이 없다고 자신에게 말하곤 하였다.

　나는 항상 이러한 마음을 품고 근무를 하였기 때문에 계측결과에 대한 정확도 향상 연구와 새로운 계측장비 개발업무를 지속적으로 수행할 수 있었다고 생각한다. 정직과 정확은 항상 나를 바르게 또 성실하게 살도록 만든 귀한 선물이 되었다.

- 나에게 주어진 일은 정직과 정확을 요구하였다.
- 정직과 정확을 지켜야 자신의 자리를 지킬 수 있다.
- 정직과 정확의 짐 때문에 새로운 계측장비의 개발이 가능하였다.
- 장비를 고치겠다는 의지가 고칠 수 있는 능력을 준 것이다.

작은 목표
설정의 위력

총포와 탄약의 무기체계 성능을 평가하는데 필수적인 측정항목은 포구 속도와 포강 내 압력이다. 이 두 측정항목은 사거리 계산에 직접적인 영향을 주는 요소로 약방의 감초와 같은 존재라고 말할 수 있다.

그러므로 이러한 중요한 계측업무를 차질 없이 수행하기 위하여 ○○시험장은 여러 종류의 포구 속도 측정용 장비와 포강 내 압력측정 장비를 보유하고 있다.

그런데 총포와 탄약의 성능평가시험은 높은 폭음과 진동 및 충격이 동반되기 때문에 사격 현장에 설치하는 센서나 안테나 등은 고장이 쉽게 나곤 한다.

1977년부터 포구 속도 측정용 도플러레이더가 ADD에서 처음 사용되었는데 당시 도플러레이더는 미국과 영국 및 덴마크 사의 제품이 세계시장에서 널리 판매되었다. 그런데 연구소의 경우는 1985년까지는 미국의 LSI사 제품인 DR-810 계열의 장비를 주로 사용하였다.

포구 속도 측정용 도플러레이더 시스템은 안테나를 포신에 부착하거나 포신 근방에 설치하기 때문에 사격 시 높은 폭음과 충격으로 레이더 안테나의 고장이 쉽게 발생하곤 하였다.

　처음에는 고장이 나면 정비용 부품이나 모듈로 자체 정비가 가능하였지만 나중에는 전자회로 부분이 몰딩 처리되어 도입되었기 때문에 자체 정비가 불가능하였다.

　고장이 나면 정비를 위해 안테나를 제조사에 보내야 했는데 보내는 것도 번거로운 일이었지만 정비 비용이 매년 인상되는 것도 문제였다. 한마디로 말해 부르는 것이 값이었다. 해가 거듭될수록 안테나 하나를 정비하는데 최초에는 이백만 원 하던 것이 나중에는 팔백만 원까지 정비 비용이 매년 올라갔다. 이것은 장비 공급 업체의 횡포였다.

　지렁이도 밟으면 꿈틀한다고 했는데, 이러한 횡포는 참을 수가 없었다. 그래서 미국의 LSI사에 왜 이렇게 정비 비용이 계속 인상되는지에 대한 문의와 '이와 같이 가격을 계속 올리면 거래처를 다른 나라로 변경하겠노라'고 경고의 말을 하였다.

　그때 내 마음은 포구 속도 측정용 도플러레이더를 국산화해야 한다는 생각으로 가득 차 있었다. 그렇게 하면 기술 속국에서 벗어날 수 있을 것이기 때문이다. 대부분의 동료들은 아직 시기상조며 실패할 것이라고 만류를 하였지만, 나는 도전해 보기로 결심하였다.

　그리고 1999년 외환위기(IMF : International Monetary Fund) 때 고장 났던 장거리 추적용 도플러레이더 송신모듈의 정비 문제가 또 하나의 숙제로 남아 있었다. 사용 중인 장거리 추적용 도플러레이더 ED-6500기종이 생산 중단되어 정비에 어려움이 있었다. 그래서 고장 난 모듈을 국내에서 고칠 수 있는 곳을 찾아보았다.

　마침 부산에 있는, 선박 통신기기 수리 전문회사인 (주)사라콤을 알게 되었다. 그곳에서 고장 난 모듈을 모두 정비할 수 있었다. 정말 우리에게는 구세주와 같았다. 그래서 나는 항상 (주)사라콤 관계자님에 대한 고마움을 잊지 않고 있다.

종전에는 장거리 도플러레이더가 고장이 나면 제조사에 보내거나 전문 기술자를 초빙하여 정비할 수밖에 없었기 때문이다. 이러한 어려운 문제가 다 해결되니 안심하고 일할 수 있었다.

(주)사라콤이라는 회사를 알게 된 것은 1999년 말 국가기술표준원에서 산업체의 교정요원과 시험 관련 요원들에게 실시하는 측정불확도[3] 교육과정에서였다. 나는 이 과정을 이수하여 교정 분야 KOLAS[4] 기술평가사 자격증을 획득하게 되었다. 이것이 인연이 되어 (주)사라콤이라는 회사가 가입된 전국 중소기업 계측기기 유지보수 조합의 정기총회에 초청되어 대전 유성호텔에서 측정불확도 평가에 관한 강의를 하게 되었다.

그 때 (주)사라콤 관계자도 참석하였고 계측기기 유지보수 조합원 중 한 명의 소개로 (주)사라콤 관계자를 만나게 되었다. 하나님은 사람을 통해 역사하신다는 말씀이 기억났다.

우리가 도플러레이더 정비 문제로 고민할 것을 미리 아시고 측정불확도 교육을 이수하게 하여 도플러레이더를 고칠 수 있는 기술자를 만날 수 있게 해 준 것이다.

우리가 (주)사라콤이라는 정비회사를 통하여 장거리 추적용 도플러

---

3 측정불확도 : 정확도와 신뢰 수준을 동시에 나타내는 측정 자료.

4 KOLAS(Korea Laboratory Accreditation Scheme) : 한국교정시험기관인정기구

레이더를 국내에서 정비하고 포구 속도 측정용 도플러레이더의 개발에 대한 의지를 보이니 미국 측에서 포구 속도 측정용 도플러레이더의 정비 비용을 한 대당 이백오십만 원으로 낮추어 주겠다고 제의해 왔다.

그 이후 우리는 장거리 추적용 도플러레이더를 (주)사라콤이라는 전문 정비회사를 이용하여 정비를 하였다. 그리고 포구 속도 측정용 도플러레이더는 할인된 가격으로 미국 제작사에 정비를 계속 의뢰하면서 국내 개발을 위해 민군겸용 기술 개발 과제를 제안하여 포구 속도 측정용 도플러레이더 개발을 위한 계획을 수립하게 되었다.

약 5년이라는 개발기간 동안 기초연구와 실용화 개발을 통하여 포구 속도 측정용 도플러레이더의 개발이 완료되었으며 지금까지 수입에 의존해 왔던 포구 속도 측정용 도플러레이더를 K9 자주포에 장착하는 데 성공할 수 있었다. 이러한 과정을 통하여 우리가 그렇게 염원했던 포구 속도 측정용 도플러레이더의 생산국이 된 것이다.

- 우리의 의지와 기술이 정비 비용을 낮출 수 있었다.
- 작은 목표 설정이 도플러레이더 생산국으로 바꾸어 놓았다.
- 직장의 일을 내 개인의 일로 생각하면 더 좋은 성과를 얻을 수 있다.

생각은
기적을 만든다

총포와 탄약의 포구 속도[5]를 측정하기 위해 솔레노이드 코일시스템과 도플러레이더 장비가 널리 사용되고 있다. ADD는 1977년부터 미국이나 영국에서 포구 속도(muzzle velocity) 측정용 도플러레이더를 구매하여 포나 탄약의 성능평가 시험에 적용해 왔다.

1990년 이전에는 포구 속도 측정용 도플러레이더를 정비하기 위해 정비용 부품을 확보하여 자체 정비로 예산절감을 하기도 하였으나 안테나 구성품의 모듈들이 몰딩처리 되었기 때문에 자체적인 정비가 불가능하였다. 그래서 안테나가 고장이 나면 전량 제작회사로 정비를 의뢰하였다. 그런데 안테나 한 대당 구매 가격이 이천만 원 정도가 되자 세 번 고장이 나면 안테나 한 대를 구매할 수 있는 비용을 지불해야 했었다.

그때 결심한 것이 우리나라도 포구 속도 측정용 도플러레이더 생산국이 되어야 한다는 생각을 가지게 되었다. 마침 김영삼 대통령 재임

---

5 포구 속도 : 포탄이 포구(砲口)를 출발하는 속도 일명 초기속도이다.

때에 벤처기업 육성과 민군겸용기술 개발과제를 지원하는 프로그램이 추진되었다. 연구소 내에서도 이러한 사업을 지원하기 위한 민군센터라는 부서가 신설되었다.

그런데 내가 소속된 부서는 시험계측을 수행하는 전문부서이기 때문에 계측장비에 대한 연구개발을 한다면 비 무기체계에 해당되어 국방부나 방위사업청에서 개발을 위한 예산을 쉽게 승인해 주지 않았다. 그래서 포구 속도 측정용 도플러레이더를 개발하기 위해 민군겸용기술 개발과제로 제안하게 되었다. 그때도 시험부서에서 연구개발 과제를 수행한다고 하면 시험평가나 잘하지 무슨 연구개발을 하느냐 하면서 연구소 내에서도 곱지 않은 시선이었다. 그렇지만 본 과제를 통하여 도플러레이더의 생산국이 되고, 기술 속국에서 벗어날 수 있으며, K9 자주포에 적용할 수 있다는 설득으로 본 사업을 승인받을 수 있었다.

승인받은 과제는 응용연구 사업기간은 3년이고 과제 예산은 4억 원정도였다. 그래서 본 과제에 대한 공고와 사업자 선정 등 모든 과정과 절차를 거쳐 최종적으로 성남지역에 위치한 ㈜테크메이트가 본 사업을 수행할 주관기업으로 선정되어 1년간 사업 진행이 되었는데 ㈜테크메이트는 다른 민수사업을 추진하면서 부도처리 되는 위기를 맞게 되었다. 결과적으로 본 사업은 끝까지 진행도 못하고 중도에 하차하는 꼴이 된 것이다.

사업수행 예산 잔액 2억 원은 국고로 환수되었고 과제는 취소가 된 것이다. 이 무렵 K9 자주포 개발과제가 본격화 되면서 그 개발과제 속에 포구 속도 측정용 도플러레이더를 K9 자주포에 장착하여 초기

속도를 측정하도록 규격화 되었다. K9 자주포 개발팀은 이 문제를 해결하기 위해 미국으로부터 도플러레이더를 구매하여 K9 자주포에 탑재하도록 계획을 하고 있었다. 그 후 이러한 배경을 설명하고 포구 속도 측정용 도플러레이더의 국산화 개발 필요성을 부각시켜 마침내 취소된 과제를 다시 살리는 일이 벌어졌다.

다시 시작된 과제는 시험개발 기간을 2년으로 부여 받았고, 이러한 과정을 통하여 포구 속도 측정용 도플러레이더 국산화 사업은 다시 진행되었으며 사업수행 주간기업은 (주)DST로 선정되었다. 나는 과제 관리자로 포구 속도 측정용 도플러레이더 개발을 추진하였다.

(주)DST는 시험개발을 성공적으로 마무리하고 또 실용화 개발과정을 거친 후 완전 국산화에 성공할 수 있었다. 이러한 우여곡절 끝에 나의 포구 속도 측정용 도플러레이더 생산국에 대한 꿈이 실현된 것이다.

국산화 개발 성공은 ADD 계측담당자와 (주)DST의 개발요원들의 땀이 만들어 낸 결과라고 생각한다. 본 과제를 제안하고 관리를 담당한 사람으로, 항상 감사와 고마운 마음을 영원히 간직하고 싶다.

- 생각은 기적을 만들 수 있다.
- 개발된 도플러레이더는 K9 자주포에 장착되어 운용 중이다.
- 끈질기게 노력하는 자는 막을 방법이 없다.

장비가 얼다

나는 운이 좋게도 대학을 졸업하기 5개월 전 1975년 10월 부천 소사 복사꽃 마을 근처에 위치한 화신전자에 입사하여 오디오 설계와 텔레비전 제조 부서에 1년 4개월 동안 근무를 하였다. 부천은 나의 직장생활 초년을 시작한 지역으로 복사꽃의 향기와 밤이 되면 자욱한 안개가 가득한 퇴근길의 추억이 있는 곳이다.

1977년 2월 ADD에 입소하였는데 근무하던 회사를 바꾼 이유는 나름대로 새로운 분야를 연구하기 위함이었다. 그런데 발령을 받은 곳은 연구부서가 아니라 육체적으로 좀 힘든, 야외시험을 전문으로 하는 부서라 내가 꿈꾼 것과는 다른 근무환경이어서 좀 실망하였다. 그래서 다시 직장을 다른 곳으로 옮기기로 마음을 먹고 출근 두 번째 날 야외시험 실장님께 나의 후임자를 뽑으시라고 말씀을 드렸다.

어찌 보면 좀 무모하고 용감한 행동이었다. 그 당시만 해도 20대 후반이라 자신감이 충만하였던 모양이었다. 야외시험 실장님께서는 인력을 뽑는데 절차와 시간을 요하니 1년만 참고 기다리면 원하는 부서로 전보가 가능하다고 말씀해주셨다. 기대와 희망을 가지고 입소한 연구소였는데 좀 서운하기도 했지만 연세가 높으신 분의 부탁이라 더 이상 고집을 부릴 수가 없었다.

그래서 1년을 기다리며 열심히 일하기로 하였다. 한 주에 2, 3일은 전방에 있는 ○○○시험장에 출장을 가서 총포와 탄약의 성능시험 계측 책임자로 일을 하였다. 말이 책임자지 그 분야에 일하는 사람이 나와 다른 계측 요원을 합해 단 2명이 전부였다. 사실 야외시험은 항상 먼지와 햇볕이 있는 곳에서 일해야 하기 때문에 누구나 야외시험 업무를 싫어했으며 연구소에서 3D업종에 해당하는 일이었다. 그러나 나는 이러한 3D업의 신입소원으로 시작하여 연구소 생활 34년이란 긴 세월을 시험계측 업무만을 하게 되었다.

연구소에 근무하는 동안 수없이 많은 조직 개편과 부서 명칭 변경 등 많은 변화들이 있었지만 3D업인 나의 근무부서는 변동이 없었다. 그러나 처음 입소할 때는 3D업을 하는 연구지원 부서였지만 점차 연구하는 업무 분위기로 바꾸어 연구지원과 개발을 동시에 수행하는 부서로 바꾸어 놓았다. 사실 야외시험실 조직은 시험업무를 전적으로 수행하기 위한 조직이었는데 무기체계의 연구개발 업무가 다변화되면서 특히 시험계측 업무는 새로운 계측기법과 센서 및 계측장비들의 개발이 절실히 요구되었다. 이러한 환경이 연구소 입소 목적을 조금씩 만족시켰고 모래밭에서 진주는 캐는 심정으로 계측기법을 연구하면서 34년을 묵묵히 지내온 것이다.

그런데 야외시험 실장님과 약속한 1년이 채 지나기도 전에 연구소 조직이 새로운 조직으로 개편되었다. 야외시험 실장님과의 약속은 쓸모가 없는 부도 수표같이 되어버린 것이다. 그렇지만 야외시험 실장님께서는 새로운 조직의 시험평가 단장님과 면담을 주선해 주셨고 마침내 대전에 있는 시험평가단의 연구부서로 전보 조치가 되었다.

전보된 부서는 시험평가단 조직 내 유일한 연구부서로 계측기법 및 계측장비 개발을 담당하는 부서였다. 그 부서에서 1년간 근무하니 다시 조직 개편이 시작되었다. 그 당시 연구소는 조직 개편이 연례행사처럼 진행되었다.

나는 함께 근무했던 동료들과 정밀무기를 연구하는 부서로 자리를 옮길 계획을 세우고 있었는데 현 소속 시험평가 단장님께서 당신만은 다른 부서로 보낼 수 없으니 시험평가단에서 일해야 한다는 말씀 한마디에 나의 꿈이 사라지고 만 것이다. 그래서 나는 충남 태안군에 위치한 ○○시험장으로 다시 전보발령 되어 그곳에서 정년을 맞이하게 된 것이다.

그 당시는 조금 서운한 마음이 들었던 것이 사실이었다. 같이 근무한 다른 동료들은 정밀무기 연구부서로 전보 되었는데 나만 또다시 시골로 가서 3D업을 계속하라니 속상할 지경이었다.

그래도 너만은 안 된다고 할 때 조금 위안이 된 것은 나의 존재가 쓸모 있기 때문이라고 생각했다. 그 후 많은 후배 연구원들이 나와 같이 일하게 되었지만 대부분 3D업에서 떠났고 시험계측 분야에서 10년 이상 경력을 가진 연구원이 전무한 실정이었다. 그렇지만 나는 3D 업무를 열심히 유지하고 연구업무를 할 수 있는 연구 분위기를 만들었기 때문에 그 분야의 전문가로 성장할 수 있었다고 생각한다. 오히려 전화위복이 된 것이다.

연구소 입소 후 1년은 서울서 근무하고 다음 1년은 대전 그리고 그 이후로는 충청남도 태안군 정죽리에 위치한 연구소의 ○○시험장이 있는 곳에서 32년을 근무하였다. 나중에 알게 된 일이었지만 정죽리(正竹里)의 뜻은 바를 정(正), 대 죽(竹) 마을. 즉 '길이를 재는 자'를 의미하는 마을이라고 했다. 그래서 무기체계의 성능시험을 하는 시험장이 들어섰다고 마을 이름에 의미를 부여하는 사람도 있었다.

이곳 정죽리에서 1979년 2월부터 나의 새로운 삶이 시작 된 지 1년쯤 지난 1980년 1월경 아주 날씨가 매서운 겨울철이었다. 그 당시 겨울철은 자고 일어나면 창밖은 눈이 와 있었다. 태안반도를 포함한 서해안은 눈이 좀 많은 곳이었다. 40년이 지난 지금은 기후의 변화 탓인지 눈이 잘 오지 않는다.

연구소 설립 초창기에는 시험장 근무환경이 좀 열악한 것이 사실이었다. 측정 장비들을 난방이 안 되는 창고에 보관하여 운용하였던 것이다. 그 당시에는 겨울에 영하 10도는 보통이었다. 밤새도록 난방이 되지 않은 창고에 보관했던 장비를 다음 날 아침에 꺼내 사용하곤 하였다.

1980년 1월 밤사이 10cm가량 눈이 내린 어느 날 40mm 유탄 시험을 아침 일찍부터 진행하게 되었다. 계측장비를 설치하고 전원을 켜는 순간 포구 속도 측정용 도플러레이더 장비의 속도 표시 창에 불이 들어오는 듯했는데 그 순간 장비가 고장이 나버린 것이다.

그때 한 사람이 '장비가 얼었나 보다'라고 말했다. 그 당시 유탄 시험은 매우 중요한 시험품목 중 하나였다. 많은 시험 참가자가 지켜보고 있었는데 망신이었다. 지금 생각하니 계측 장비에 대한 무관심과 무식이 표출된 것이다. 장비의 보관온도 및 운용온도 등을 고려하여 관리하여야 했던 것이다. 대단히 죄송한 일이지만 시험 참가자에게 양해를 구하고 시험 일정을 하루 연기시켰다.

그리고는 전자실험실에서 밤 11시가 넘게까지 정비를 위해 씨름을 해야 했다. 입소한 지 3년 차 되는 신입 소원에 불과했지만 책임감은 그렇지 않았다. 밤 11시가 조금 지나서 고장 난 포구 속도 측정용 도플러레이더(영국제 : PACER) 장비를 정비할 수 있었다.

창밖은 많은 눈이 내리고 있었다. 그렇지만 내 마음은 훈훈한 봄날이었다. 다음날 다 고쳤으니 시험이 가능하다고 의기양양하게 말할 수 있다는 자신감 때문에 나의 마음은 뜨거움과 감사의 마음으로 가득해 너무 행복했었다.

다음날 아침부터 정상적으로 시험은 진행되었고 하나의 좋은 추억을 쌓는데 충분한 사건들을 만들어 가고 있었다. 그 때부터 나를 '최박사'로 불러주면서 칭찬을 해 주는 사람도 있었다. 나는 주어진 일을 성실히 수행한 것뿐이라 내가 한 일을 머릿속에 남겨두지 않았다.

세월이 지나 2010년 12월에 정년을 맞이한 후 그 당시 시험에 참관한 ㈜한화 직원을 만났다. 나는 그가 그때 같이 출연한 배우라는 것을 기억하지 못했다. 40mm 유탄 시험 시 계측장비 고장 사건은 기억하고 있지만 나로부터 은혜(그 분의 표현) 입은 사람들은 기억하지 못하고 있었다. 정년을 맞이한 지금의 나와 그 사람들은 갑과 을이 서로 바뀐 관계지만, 그분들은 여전히 나를 갑으로 대해주신다. 너무나 감사한 마음이 들어 그때 그 순간을 떠올리며 기쁨의 눈물이 마음 깊은 곳에서 샘솟는다. 나는 그 날의 일을 영원히 잊을 수 없는 아름다운 추억으로 간직하고자 한다.

- 열정은 기적을 낳는다.
- 남에게 고마움을 주는 것은 아름다운 추억을 만드는 것이다.
- 장비를 고치려는 마음이 문제 해결의 열쇠가 되었다.
- 3D 업무를 보물이 나오는 일터로 만들었다.

도플러레이더 연구 발표

나는 3년마다 열리는 Weibel Radar Conference(Cadiz Spain 1820 September 2006)에 참가하기 위해 2006년 9월 16일 13시 인천공항을 출발하여 13시간 이상 비행 끝에 중간 기착지인 런던에 16일 17시경에 도착하였다. 여행 화물을 찾고 길을 안내받아 Heathrow 공항에서 제일 가까운 호텔을 찾아갔는데 밤 7시가 되었다.

간단하게 저녁 식사를 한 후 하룻밤을 런던에서 보내게 되었다. 다음날 최종 목적지인 스페인 Cadiz 항구로 가기 위해 나섰다. Cadiz 항구에서 가장 가까운 세비라 공항으로 가는 항공편이 14시 30분에 출발하는 비행기로 예약되어 있어서 아침 식사 후 4시간가량 시간적 여유가 있었다. 우리 일행은 런던 시내에 있는 템즈강과 황실형무소, 영국여왕이 살고 있는 Windsor 궁과 버킹검 궁전 등을 관람하였다. 그당시 날씨는 늦은 9월이라도 조금 무더워 모두들 이마에 땀을 흘렸지만 영국 여왕이 거주하는 곳이기 때문에 궁금증과 신기한 마음으로 견학을 하였다.

영국에서 스페인 세비라 공항까지는 2시간 30분이 소요되었는데 최종 목적지인 Cadiz는 세비라 공항에서 130km 떨어진 항구 도시였다. 세비라 공항에 도착하여 목적지까지 가는 길을 확인하고 나니 밤 8시가 되었다. Cadiz로 가는 교통수단은 버스나 택시밖에 없었는데 버스는 이미 운행 마감이 되어 택시를 이용할 수밖에 없었다.

그 날 저녁은 안개가 자욱하여 밤 11시가 넘어서 최종 목적지인 Cadiz 항구에 있는 빅토리아 호텔에 도착할 수 있었다. 여행 가방을 호텔에 두고 저녁을 먹기 위해 주변에 있는 식당을 찾았으나 모든 식당이 이미 문을 닫아버린 상태였다. 그래서 피자로 저녁 식사를 하기로 했다.

바로 다음날부터 레이더 컨퍼런스가 시작되었는데 발표와 그룹 모임 이 밤 9시까지 진행되는 날도 있었다. 첫째 날은 Service Group Meeting이라 하여 Weibel사의 전문 기술자들이 자기네 최신기술로 만들어진 도플러레이더 시스템에 대한 제품 설명을 시작으로 등록과 간단한 리셉션이 밤 9시 30분까지 진행되었다.

그리고 둘째 날은 아침 8시 30분부터 컨퍼런스가 전날보다 조금 일찍 시작되었고 Weibel사의 회장인 피더 알 피더슨의 인사말과 최근에 개발한 레이더 신기술을 5명의 전문 기술자들이 발표했다. 그 날은 저녁을 먹고 밤 7시부터 8시 30분까지 2층 구조의 관광버스 3대를 이용하여 Cadiz 시내 관광을 할 수 있도록 배려해 주었다.

Cadiz는 약 3000년의 역사를 가지고 있는 항구도시라고 안내원이 소개해 주었다. 길거리는 좁고 구불구불하였지만 모든 도로는 단단한 돌이나 콘크리트 및 아스팔트로 포장되어 비교적 깨끗하였다.

　건물들도 단단한 돌이나 대리석으로 되어 있었으며, 대체로 밝은색으로 빛나고 있었다. 도로 주변은 야자수처럼 보이는 팜 나무들이 줄지어 있었고 간혹 팜 열매들이 눈에 들어왔다. 나무들은 수백 년의 역사를 가지고 있어 수십 미터의 높이까지 자란 것도 많았다.

　그날 밤 Cadiz 관광은 끝났지만 Weibel사 직원의 소개로 밤 11시경에 유명하다는 스페인 토속 음식점에 갔다. 우리가 도착하자 민속 과일주와 생선요리를 선보였는데 특히 생선요리가 맛있긴 했지만 너무 짜서 먹기 곤란할 정도였다. 그렇지만 하나의 경험과 추억을 위해 억지로 먹어 보았다.

　또 우리와 함께한 일행 중 미국에서 온 금발의 중년 여성분('뺑덕 할멈'이라고 불렀음)이 있었는데 글을 쓰는 순간 그분이 생각나 소개하고자 한다. 금발의 뺑덕 할멈은 처음 보는 사람들에게도 너무나 상냥하고 친근감을 주는 분이라 모든 사람들이 친구가 되고 싶어 했다. 그분을 통하여 배운 것은 친근감을 줄 수 있는 사람이 되어야 한다는 것이었다. 우리는 뺑덕 할멈, 그리고 Weibel사 직원들과 함께 스페인의 주점 문화를 체험하며 즐거운 시간을 보냈다.

　그곳에서 2시간가량 머문 후 택시를 이용하여 숙소로 돌아오자마자 잠들었는데 파도 소리에 잠을 깨고 말았다. Cadiz 항구에 도착하고 나서 궁금한 사실 하나가 풀리게 되었다. 처음 도착하였을 때 항구 앞바다에 고깃배나 유람선 등 한 척의 배도 보이지 않아 이상하다는 생각이 들었는데 그 이유는 다름 아닌 파도가 너무 심한 항구였기 때문이라는 것이다.

스페인은 농업국가로 비교적 넓은 농토와 광활한 벌판들로 이루어져 있었다. 스페인의 주력 산업인 과일과 목화, 소금 및 올리브유 등을 생산하는 농업국임을 한눈에 볼 수 있었다.

9월 20일, 셋째 날은 스페인 화력시험장인 CET Test Range를 방문하였는데 화포와 전차의 시범사격도 참관할 수 있도록 일정이 잡혀있었다. 사격 방향은 우리의 ○○시험장과 마찬가지로 바다로 향하고 있었다. 나는 계측시설을 눈여겨보았는데 특이할 만한 것은 없었고 도플러레이더 보관을 위한 시설은 우리가 아직 보유하지 못한 것이었는데 몇 년 후 ○○시험장에도 설치하게 되었다.

CET시험장 견학을 한 후 호텔에서 잠시 휴식을 취하고 16시에 버스로 제르(Jerer) 지방에 있는 말의 묘기를 보기 위해 시립 말 공연장을 단체로 방문하였다. 18세기 스페인 문화와 음악에 어울리는 말과 춤으로 이루어진 공연을 단체로 관람을 하였다. 말들이 마치 사람과 같이 옆으로 가기, 천천히 가기, 뒷발질하기 등 여러 가지 묘기를 보여주었다.

다음날은 첫 시간부터 도플러레이더 신호를 이용한 포구 속도 측정 시스템의 측정불확도 평가에 대한 연구발표가 계획되어 있었다. 내가 외국 사람들에게 영어로 논문을 발표하기는 처음이었다. 다소 두렵고 긴장이 되었다. 발표장에는 Weibel사 직원과 세계 각국의 레이더 관련자들이 80명 정도 참석하고 있었다.

발표를 위해 수요일 밤 2시까지 발표 내용을 읽어보고 수정과 연습을 반복하여 준비를 하였지만 30분간 발표는 짧은 시간은 아니었다. 또 익숙하지 않은 영어였기에 발표 시간이 가까워질수록 약간의 두려움과 긴장이 되었다. 그렇지만 이 분야는 내가 제일 전문가라는 생각을 하였다. 사실 측정불확도 평가 분야는 참석한 사람들에게는 아주 생소한 내용이었다. 내가 발표를 준비하면서 한 가지 느낀 것은 하나님께서 나의 부족한 부분을 계속 보완해 주셨다는 점이다. 사실 발표 준비를 하면서 만족스러운 준비를 하였다고 생각을 하였는데 두 번씩이나 잠을 깨워 수정할 부분이 생각나게 해 주셨다.

발표 시간은 9:00~9:30분으로 되어 있었는데 Weibel사의 Peter R. Petersen 회장이 별도로 나를 자세히 소개해 주었다. 그 후 나는 간단한 인사말과 함께 발표를 시작하였고 준비된 대로 모든 발표는 무사히 잘 진행되었다. 발표가 끝나자 Peter 회장과 Weibel사의 전문기술자들은 발표 내용에 대해 많은 질문과 칭찬을 하며 엄지손가락을 치켜세워주었다. 그때 Peter R. Petersen 회장은 3년 후 다음 행사 때도 포신 진동이 포구 속도에 미치는 영향에 관한 연구결과를 발표해 주었으면 좋겠다고 부탁을 하기도 하였다.

발표를 마치고 후련한 마음으로 빅토리아 호텔에서 마지막 밤을 보냈는데 그날 밤 꿈속에서 지금까지 보지 못한 황금 시계를 선물로 받았다. 아마도 앞으로 좋은 일들이 예비 되어 있음을 암시하는 선물이라는 생각이 들어 주님께 감사를 드렸다.

우리 일행은 금요일 14시 30분 스페인발 비행기로 런던을 경유하여 서울로 돌아왔다. 당시 컨퍼런스에 참석한 소감을 정리하면 여러 가지 어려움 가운데서도 여행의 모든 진행과 발표, 선물 및 귀국까지 하나님께서 동행하신 은혜를 피부로 느낀 여행이었다.

- 스페인 Cadiz 항구에서 황금시계를 선물 받음.
- 항상 전문가가 되도록 노력해야 한다.
- 친근감을 줄 수 있는 사람이 되라.
- '포신진동과 포구속도에 관한 연구'는 아직 숙제로 남아 있다.

도플러레이더 교정기 개발

　정년 후 새로운 직장인 코리아인스트루먼트(Korea Instrument Co: KIC)에서 교정 분야 기술연구와 계측기기 및 시장개발을 담당하고 있다. KIC는 40년여 동안 각종 계측기기의 정비와 교정 업무를 수행하고 계측기기의 판매 업무도 겸하고 있는데 여기에 부설 연구소를 설립하여 각종 센서와 측정기기에 대한 연구개발 업무를 진행하고 있다.

　계측기기에 대한 교정업무는 제품의 생산이나 연구개발 과정에서 소요되는 보조적인 측정 장비를 포함하여 시험과 교정 및 샘플링 결과의 정확성 또는 유효성에 중대한 영향을 미치는 모든 시험이나 교정 장비들이 대상이며 이들 장비와 센서들은 작업에 투입하기 전에 교정소급[6]이 이루어져 있어야 한다. 교정의 범위는 요구되는 규격을 확인하거나 틀어진 값을 보정하는 것까지 포함해 '교정'이라고 표현한다.

　지금까지 포구 속도 측정용 도플러레이더의 교정은 Self Calibration[7]

6　교정소급 : 상위기관으로부터 교정을 받아 연결하여 주는 것을 소급성이라 한다.

7　Self Calibration : 측정 장비에 내장된 회로 요소로 주파수나 속도 등의 일정 측정값이 표시되도록 하여 그 측정 장비의 성능을 자체적으로 확인하는 과정을 자체교정이라 한다.

에 의존하여 왔는데 이것은 송신주파수를 1/n배로 줄여 만든 주파수로 그 주파수에 해당되는 특정 속도 값이 출력되면 포구 속도 측정용 도플러레이더 시스템이 정상적으로 동작하는 것으로 간주하고 레이더 장비를 운용하도록 레이더 제조사가 임의로 설정해 두었다.

그런데 Self Calibration은 단지 송신주파수 변동만을 확인하는 것이므로 교정 과정이라고 볼 수 없다. 지금까지는 국내외적으로 운용되고 있는 포구 속도 측정용 도플러레이더의 전용 교정기가 개발되지 않았기 때문에 국가가 인정하는 표준교정을 하지 못하고 도플러레이더 제작사에서 제공하는 Self Calibration만으로 교정에 갈음하고 있는 실정이다.

도플러레이더는 포구 속도나 금속부품 이탈 및 사거리 추적 계측에 널리 사용되는 장비 중 하나이며, 특히 포구 속도 측정 자료는 포탄의 사거리 계산을 하는데 필수적인 기초자료로 활용된다. 그러므로 포구 속도는 군의 전투력에 영향을 미치는 요소이다. 연구소 재임 시 포구 속도 측정용 도플러레이더를 국산화시켜 K9 자주포에 탑재하는 연구에 기여하였기 때문에 포구 속도 측정용 도플러레이더의 교정기 개발에 대한 필요성을 절실히 느끼고 있었다.

그런데 포구 속도 측정용 도플러레이더를 운용하고 있는 군이나 방위산업체는 Self Calibration에 의존하거나 Self Calibration과 측정기법이 서로 다른 장비들 간 비교시험을 통하여 포구 속도 측정용 도플러레이더의 성능을 간접적으로 확인하고 있다.

연구소를 떠나 재취업한 곳이 국가 교정기관이기에 교정 관련 연구를 계속할 수 있는 좋은 연구 환경이 주어진 것이다.

나는 포구 속도 측정용 도플러레이더의 교정기 개발을 2012년에 착수하여 2013년 9월에 실용화 연구를 성공적으로 완료하였고, 그 후 초도 생산품을 만들어 표준과학연구원에서 특성 확인과 개발 교정기에 대한 유효성 확인시험을 거처 2014년 3월, 한국교정시험기관 인정기구인 KOLAS로부터 국가공인 교정 장비로 인정을 받게 되었다.

교정 방법은 포탄을 사격하였을 때 발생하는 도플러 주파수와 동일한 주파수를 정밀신호 발생기로 생성시켜 이 신호와 피 교정 대상 장비에서 방사된 송신주파수를 변조시켜 변조된 주파수를 다시 피 교정 대상 장비의 수신주파수로 입력시키면 피 교정 대상 장비는 송신주파수와 수신주파수의 차 주파수인 도플러 주파수에 해당하는 속도를 측정한다. 속도 보정은 생성한 도플러 주파수에 해당하는 기준속도 값과 레이더 장비가 측정한 속도 값의 차를 구하면 포구 속도 측정용 도플러레이더 장비의 보정 값을 찾을 수 있다.

포구 속도 측정용 도플러레이더의 교정기는 국내뿐 아니라 전 세계적으로도 처음 개발된 것으로 모든 포구 속도 측정용 도플러레이더 시스템을 교정할 수 있어 향후 널리 활용될 것으로 본다. 이 교정결과를 이용하면 정확한 사거리 계산이 가능하여 정밀 타격을 하는데 크게 기여하리라 생각 된다.

이번에 개발된 도플러레이더 교정기술은 2014년 국제 군사과학기술

경진대회(5월 29일~6월 1일, 일산 킨텍스) 때 2014년 국방 신기술 분야
에 연구내용 발표와 교정기 전시로 많은 질문과 관심을 받은 바 있다.

- 꿈꾸는 자에게는 선물을 주신다.
- 교정기 개발로 포구 속도 측정용 도플러레이더의 성능을 확인하
  는 계기가 되었다.
- 포구속도 값을 정확히 알면 사거리 계산을 정확하게 할 수 있다.
- 포구속도 측정용 도플러레이더의 교정기는 세계 최초의 장비이다.

채찍을 한 번 더 맞는 말이 되라

장거리 추적용 도플러레이더는 포탄의 비행현상 추적이나 금속부품 이탈현상 및 사거리 계측 등에 널리 활용되는 측정 장비이다.

우리 부서는 포구 속도와 포강 내 압력 등 물리량을 측정하는 전문 부서이고 장거리 추적용 도플러레이더는 추적계측 전문 부서에서 운용하고 있었다. 계측업무는 나 혼자만의 일이 아니라 시험의뢰자와 시험주관 부서 등 여러 부서가 서로 협력하여 시험업무를 수행하게 되어 있다. 그런데 시험업무 효율을 개선시키기 위해 시험장을 책임지고 계신 단장님께서 장거리 추적용 도플러레이더 추적업무를 우리 부서에서 수행하라는 지시에 따라 장거리 추적용 도플러레이더 계측 업무는 우리 부서로 이관되었다.

잘 달리는 말에게 채찍이 한 번 더 가해진다는 말이 있다. 즉 마부는 목적 달성을 위해, 또 경쟁자보다 먼저 결승점에 도달하기 위해 잘 달리는 말에게도 채찍질을 아끼지 않는다.

직장생활에서 상사로부터 인정을 받으면 더 많은 일이 주어지고 그리고 그 일들을 통하여 상사의 마음을 얻을 수 있다면 성공적인 직장

생활이 가능하게 된다.

우리 부서로 이관된 장거리 추적용 도플러레이더는 외국에서 도입된 이후 몇 차례 고장이 났던 장비였다. 우리에게 맡긴 업무이니 이전 부서보다 잘 운용해야 한다는 책임감 같은 것이 있었다. 그래서 장비의 성능을 개선시킬 부분이 없나 하고 계측시스템을 점검하고 작동원리 등 관련 이론들을 공부하면서 개선 연구를 동시에 진행하였다.

3개월 정도 검토한 후 한 가지 개선해야 할 점을 발견하였다. 이관된 ED-6500 장거리 추적용 도플러레이더 시스템은 안테나의 방열기능이 저하되어 송신신호를 방사하는 전자회로 부분이 열과 관련된 영향을 받고 있음이 확인되었다. 이 방열판 문제가 지금까지 장거리 추적용 도플러레이더 장비의 고장을 일으킨 주요 원인이라고 판단했다. 그래서 기존의 노후한 방열판을 제거하고 방열기능이 좋은 새로운 방열시스템으로 교체를 한 다음부터는 한 번도 열의 영향에 의한 고장은 발생하지 않았다. 그 당시 새로운 방열판을 설계하고 제작하는데 비용이 무려 이천만 원 이상 소요되었다.

장거리 추적용 도플러레이더시스템의 방열판 교체작업을 통하여 어떤 일이든 문제가 야기되면 원인을 분석하고 노력하면 해결의 실마리를 찾을 수 있다는 확신을 갖게 되었다. 늘 충성된 일꾼이 되기 위해서는 작은 일이라도 최선을 다해야 한다는 것을 배우는 순간 이었다.

나는 현재 직장생활을 39년째 하고 있다. 직장생활을 하는 태도에는 몇 가지 부류가 있는데 먼저 자신의 상사가 있든 없든 항상 자신의 일을 열심히 하는 자와 정반대로 상사가 있을 때만 열심히 하고 상사가 출장을 가면 지각을 한다거나 열심히 하지 않는 부류가 있다. 그러나 열심히 하지 않으면 하던 일도 잃게 되고 상사의 마음을 얻을 수가 없다.

하늘은 스스로 돕는 자를 돕는다는 말이 있다. 나는 신입소원이 우리 부서로 들어오면 항상 이야기해 주는 말이 있다. 근무는 자신과 가족을 위한 것이 첫째이고 둘째는 조직과 국가를 위한 것이라고 말해 준다. 사실 이 말은 상사가 있건 없건 열심히 일하라는 뜻이다.

장거리 추적용 도플러레이더 업무가 우리 부서로 이관되고부터 내 생각에 조금 달라진 부분이 있었다. 연구소 창설 이후 외국 기술에 의존해온 포구 속도 측정용 도플러레이더 장비를 국산화하는 것이다. 당장 우리의 기술이나 여러 가지 조건을 고려할 때, 장거리 추적용 도플러레이더 쪽은 좀 힘들고 포구 속도 측정용 도플러레이더를 국산화하는 것은 한 번 해볼 만하다는 생각을 하였다.

그리고 1980년 초까지는 시험장의 경우, 연구용 장비나 시험 시설물들이 외국으로부터 일괄수주(Turnkey Base) 방식으로 들어오는 경우가 대부분이었다. 대표적으로 고공 기상 측정시스템의 경우 일괄수주 방식으로 외국에서 구매되어 운용 중이었다. 기존의 고공 기상 측정시스템은 센서를 풍선에 탑재하여 고공 4km까지 올라가는 동안 고공의 기상자료를 연속하여 얻는 방식이다. 그런데 시험에서 원하는 위치를 통과하면 그 이외의 고공 기상자료는 쓸모가 없고 새로운 고공 기상 센서를 올리기까지 약 2시간을 기다려야 했다.

그런데 로켓이나 탄도를 그리는 시험의 경우는 일정한 높이에서 기상자료가 필요한데 시험 탄의 최대고도가 1km 이하인 경우는 1km 이상의 기상자료는 쓸모가 없는 자료가 된다.

이러한 문제를 해결하고자 1990년 초에 기상장비에 관한 자료를 검색하다가 박격포 시험에 적합한 고공 기상 측정시스템을 찾을 수 있었다. 그 이름은 테더 존데(Tether Sonde)라고 하는데 센서가 탑재된 풍선을 단단한 줄로 묶어 고공 2km까지 원하는 높이로 올려 기상자료를 얻고 시험이 끝나면 풍선을 회수한 후 재활용이 가능한 시스템이었다. 이 시스템은 박격포 시험 시 꼭 필요한 장비였다. 고공 기상 계측 업무는 다른 부서에서 수행을 하였지만 Tether Sonde 시스템을 소개하니 우리 부서에 Tether Sonde 장비의 구매와 업무 수행을 승인해 주었다. 이 장비가 도입되기 전에는 ○○시험장의 경우 지면 기상 업무는 우리 부서에서 운용하였고 고공 기상(0~4km) 업무는 다른 부서에서 분리 운용하였는데 여기에 저공 기상(0~2km) 업무가 새로 생겨난 것이다. 우리 부서는 지면 기상과 저공 기상 업무를 함께 수행하게 되었다.

몇 년이 지난 후 고공 기상 업무도 우리 부서로 이관되어 기상측정 전문 부서로 발전하게 되었다. 우리 부서는 처음에는 포나 탄약의 물리량 계측 업무를 맡았는데 여기에 장거리 추적용 도플러레이더, 고공 기상, 저공 기상, 지면 기상, 시험통제용 통신망, 시험장 경계용 CCTV망 및 CMMI[8] 프로세스 개선 연구 업무까지 맡게 되었다.

---

8 CMMI(Capability Maturity Model Integration)는 조직의 프로세스 개선 활동을 지원하기 위한 하나의 모델로 엔지니어링과 소프트웨어 및 소프트웨어 획득능력 성숙도 모델 등이 통합되어 있다.

물론 시험계측에 필요한 계측기법이나 계측시스템의 연구개발은 우
리 부서의 고유 임무였다. 이 계측업무에 새로운 업무분야가 넓혀지
니 연구 대상이 많아진 것이다. 나는 일이 많아지는 것에 한 번도 불
평해 본 적이 없었다. 이렇게 다양한 일들을 수행한 결과 정년을 한
이후에도 많은 도움이 되고 있다.

- 주인이 맡긴 일에 충성을 다해야 한다.
- 문제에 대한 해결의 열쇠는 일의 시작에 있다.
- 채찍이 한 번 더 가해져도 불평하지 않는 말이 되어야 한다.
- 맡겨진 일 뿐만 아니라 찾아서 일을 하라.
- 고난이나 힘든 일이 전화위복이 될 수 있다.
- 상사의 마음을 얻는 자가 되어야 한다.

포기는 실패를
의미한다

○○시험장에서 운용 중인 ED-6500이라는 장거리 추적용 도플러레이더는 도입한 지 10년 이상이 되었고 매 시험 때마다 사격에서 오는 충격과 진동으로 자주 고장이 나곤 했다. 연구소 규정에는 대부분의 측정 장비가 사용 연한 10년이 지나면 노후교체를 하도록 되어 있었는데 ED-6500 장거리 추적용 도플러레이더는 노후교체 대상은 되었지만 한 대당 이십억 이상 하는 고가 장비이기 때문에 교체시기가 지연되고 있었다. 그러던 중 중기계획에 반영된 노후교체 계획이 확정되어 신규 장거리 추적용 도플러레이더의 구매가 결정되었다.

그 당시 장거리 추적용 도플러레이더는 덴마크의 Weibel사의 장비가 성능이나 가격 면에서 우수한 조건을 가지고 있었기 때문에 Weibel사 MSL-60040i 모델로 선정되었다. 새로 구매할 장거리 추적용 도플러레이더는 기존의 모델보다 성능이 더 우수하고 비행 탄의 추적 능력이 40km까지 요구되었다. 이렇게 외자 구매한 후 약 1년쯤 지나서 장거리 추적용 도플러레이더가 시험장에 도착하였다.

　신규로 도입된 레이더의 수락시험은 제작사와 우리 기술진이 합동으로 ○○시험장에서 진행하였다. 당시 도입된 장거리 추적용 도플러레이더는 40km 추적이라는 요구조건을 가지고 있었기 때문에 40km 추적 확인을 위해 별도의 탄약과 시험포가 필요하였다. 이러한 어려움 때문에 월간 시험계획에 반영된 K9 자주포탄 성능시험이 진행될 때를 기다려 장거리 추적용 도플러레이더 수락시험을 동시에 실시하도록 하였다. 그런데 1차 성능시험 결과 한 가지 큰 문제가 나타났다.

　문제는 요구 규격 중 핵심 조건인 40km까지 포탄 추적을 할 수 없다는 것! 도입된 추적레이더의 정확한 성능을 확인하고 원인을 분석하기 위해 수차례 성능시험을 진행하였으나 최대 추적 가능 거리는 18km에 불과했다.

　우리와 제작사의 기술진은 원인 규명을 위해 레이더 신호분석에 시간을 보내고 있었다. 이러한 와중에 기존 운용 중인 장거리 추적용 도플러레이더의 잦은 고장은 계획된 시험 물량 처리에 또 다른 문제를 야기하지 않나 염려를 키우기에 충분하였다. 혹시 운용중인 장거리 추적용 도플러레이더가 멈춰서는 날에는 시험 진행에 엄청난 차질이 발생할 수가 있고, 신규 도입 장비의 수락시험 지연이라는 새로운 문제가 표출될 수 있어 우리를 더욱 긴장하게 만들었다.

　다행히 그러한 문제까지는 발생하지 않아 천만다행으로 생각하며 늘 감사한 마음을 가졌다. 성능시험 중인 레이더시스템의 보완과 야외성능시험은 5개월 정도 계속되었지만, 우리의 요구 규격을 만족 시키지는 못하였다. 도입 장비의 성능 미달은 제작사가 카탈로그 상에 제시한 40km 추적 규격이 실제로 입증된 규격이 아니라 이론적인 수

치임이 확인되었다. 30년간 계측장비를 구매하여 실용화하였지만 이와 같은 경우는 처음 있는 일이었다.

장비 제작사의 최고 책임자는 장비 구매 요구서에 40km까지 추적성능을 수락시험 조건에 명기하지 않았기 때문에 자신들의 책임이 아니라 구매자의 책임이라고 적당히 넘어가려고 하였다. 사실 장비 제작사의 지적대로 구매 시 요구 조건을 분명히 밝히지 못한 것은 우리의 실수였으며 새로운 사실을 배우는 순간이었다.

장거리 추적용 도플러레이더가 도입되고 수락시험을 시작하면서 weibel사와 기술적 검토 자료를 서로 주고받은 파일이 2권이나 되었고 시간적 경과도 8개월 정도 지나고 있었다.

한마디로 말해 서로에게 힘든 시간들이 지나가고 있었다. 이 일로 장비 제작사의 최고 책임자는 한국시장을 포기하려고까지 했다고 나중에 말해주었다. 그 이유는 도입된 장비의 성능으로는 40km 추적이 불가능하였기 때문이었다. 그런데 구매 책임자인 나는 절대로 물러설 수 없는 입장이기 때문에 끈질기게 장비 제작사의 최고 책임자에게 당신들이 제시한 카탈로그의 규격이 잘못되어 모든 문제가 야기 되었다는 우리의 주장을 굽히지 않았다. 물론 틀린 말이 아니었기 때문에 장비 제작사의 최고 책임자는 진퇴양난이었다.

구매 책임자인 나는 우리의 요구사항과 성능개선에 대한 방안을 장비 제작사의 최고 책임자에게 계속 전달하였다. 그리고 내가 할 수 있는 것은 하나님께 기도하는 것이 전부였다. 기도의 내용은 장비 제작사가 책임을 지고 우리의 요구 성능을 만족하는 장비를 제공하라는 기도였다.

그 당시 수차례 진행한 성능시험 과정을 지켜본 우리 요원이나 주위 사람들은 도입된 장비로는 우리의 요구조건을 절대로 만족할 수 없을 것이라고 판단을 하였다. 나 역시 긍정적인 면보다는 부정적인 생각을 가지고 있었다. 그래서 연구소 생활 34년 동안 수행한 일들 중에 한 번도 실패한 적이 없었는데 오점을 남기는구나 하는 생각이 들었고 다른 한편으로는 장비 구매 책임자의 사업 실패에 대한 책임도 생각하게 되었다. 그럴수록 내가 할 수 있는 것은 기도밖에 없었다.

이렇게 진행된 시간들이 10개월이 다 될 무렵, 힘들게 수행하고 있는 장거리 추적용 도플러레이더의 성능시험이 성공적으로 끝날 수 있다는 메시지를 꿈으로 보여 주셨다. 그 순간 내 마음은 뜨거움으로 가득 찼고 기쁨과 감사와 확신이 나를 희망으로 바꾸어 놓았다. 그러나 꿈으로 메시지를 받은 후 일주일이 지나도록 상황은 변한 것은 아무 것도 없었다.

그 후 한 주가 더 지날 무렵 장비 제작사의 최고 책임자인 Peder R. Pedersen으로부터 메일이 왔다. 메일의 내용은 나의 기도에 대한 응답이었다. 현재의 시스템으로는 40km 추적이 불가능하기 때문에 시스템 성능을 개량(upgrade)시키기로 결정했다는 내용이었다. 물론 무상으로 진행한다는 것이었다. 나중에 확인된 것이지만 그 비용이 하드웨어 및 소프트웨어를 포함해 5억 원 정도 추가 비용이 소요되었다는 것이다. 그 메일을 받고 약 한 달 후에 레이더의 성능을 개량하기 위해 크고 작은 장비와 부품이 담긴 8개의 상자가 ○○시험장에 도착하였고, 장비의 성능을 개량하기 위한 기술진도 3명이나 왔다. 시스템

Upgrade를 포함한 모든 작업이 완료되는데 약 2주가 소요되었다.

이러한 과정을 거친 후 장거리 추적용 도플러레이더의 성능시험이 성공적으로 끝나게 되었다. 레이더 장비가 ○○시험장에 도착한지 일 년이라는 긴 시간이 경과 되었지만 나의 사업 수행은 성공이라는 마침표를 찍을 수 있어 정말 행복감과 성취감을 느낄 수 있었다.

이러한 일들을 경험하면서 두 가지 사실을 알게 되었다. 먼저 한 가지는 비용을 5억 원 정도 지불하면서 장비 제작사는 이론적인 사거리 추적성능 규격이 아니라 실제 40km 사거리를 추적해 낼 수 있는 레이더를 생산할 수 있는 경험과 능력을 체험한 것이다. 그 비용이 5억 원이라면 너무 싼 가격이라는 생각이 들었다.

이러한 계산으로 Upgrade를 무료로 해 주었을 것으로 생각되었다. 왜냐하면 레이더를 만들어도 40km 사거리 추적 성능시험을 할 경우, 탄약 비용만 한 발에 사백만 원 이상 소요되기 때문이다. 물론 우리는 별도 시험비용 없이 기존 월간 시험계획에 반영된 K9 자주포탄 시험 시 레이더 장비만 설치하여 진행한 것이기 때문에 별도 추가 비용은 들지는 않았다.

또 다른 하나는 이러한 과정이 차기 장거리 추적용 도플러레이더 도입을 위한 준비 과정이었다는 생각이 들었다. 그 당시 K9 자주포 사업이 한창 진행되고 있었기 때문에 추가로 승인된 장거리 도플러레이더의 수락시험은 한 번에 40km 추적 성능시험을 성공적으로 통과할 수 있었다. 처음에 실시한 수락시험이 우리에게는 힘든 과정이었지만 새로 도입되는 레이더의 40km 사거리 추적 성공은 K9 자주포 사업에 큰 도움을 줄 수 있어 오히려 보람된 일이 된 것이다.

이렇게 힘든 수락시험을 한 후부터는 매년 연말이 되면 장비 제작사의 최고 책임자로부터 감사와 안부의 메일을 보내오곤 하였다.

- 실수는 성공의 밑거름으로 작용하지만 포기는 실패를 의미한다.
- 40km 추적 성공은 K9 자주포 사업에 큰 도움이 되었다.
- 장비 구매계약서에는 구매 조건을 확실히 명기해야 한다.

200발에 일억 원

소총이나 화포는 추진 장약의 점화로 인해 발생되는 높은 압력으로 총알이나 포탄이 앞으로 추진한다. 그때 작용과 반작용의 법칙에 의해 포탄은 포구 방향으로 진행하고 반면에 소총이나 화포의 노리쇠나 주퇴복좌기는 후방으로 진행하게 된다.

한 마디로 주퇴복좌기의 주요 기능은 포신의 후퇴를 가능하면 작게 하면서 포신을 빨리 원래의 위치로 되돌려 놓도록 작용해야 한다.

화포개발 초기에는 포신이 반동에 의해 후퇴하기 시작하고, 다음 탄을 사격하려면 원래의 위치에 포신 전체가 되돌아와야 하고, 다시 조준을 하는 개념으로 주퇴복좌기가 설계되었다.

그와 같은 주퇴복좌기는 결과적으로 사격의 정확도가 낮고 사격의 진행 속도는 늦었다. 이러한 문제에 대한 대책으로 고안된 방법의 하나가 주퇴기와 복좌기이다. 주퇴기란 사격 때의 충격적인 반동으로 저항을 주면서 일정한 거리를 후좌 시키는 것으로 일종의 완충 기구이다. 이때 반동의 운동에너지 일부는, 열에너지 등으로 변환하거나 흡수하게 된다. 이러한 작용으로 포 전체는 움직이지 않고 포신만을 후좌 시키는 것이 가능하게 되었다.

한편 후좌 시킨 포신을 바탕으로 원래의 위치로 되돌리는 것을 '복좌'라고 부르고 있다. 이 기구가 복좌기로 작용하는 경우 용수철이나 압축가스의 탄성력을 이용하는 것이 일반적이다. 이러한 기구적인 설계 목적을 만족시키기 위해서는 포를 설계하는 자의 요구 규격을 만족하여야 한다.

이러한 측정항목 중에서 주퇴복좌기의 성능평가를 위한 측정항목은 주퇴의 길이와 주퇴속도 및 복좌 시 마지막 1/2인치 거리에서 복좌속도를 측정해야 한다. 이들 측정값에 따라 화포의 성능과 수명이 결정된다. 그래서 화포를 생산할 때는 반드시 위 사항들을 정확하게 측정해야 성능이 우수한 화포 개발이 가능하다고 한다.

ADD는 1970년 8월에 창설되어 연구개발 업무가 시험평가 업무에 우선하여 진행되었다. 연구소를 창설하고 5년 이상 지났을 무렵, 우리나라의 주력 포인 ○○○mm와 ○○○mm 화포가 국산화 개발되어 성능시험을 하려고 할 때 주퇴복좌기의 성능 평가용 측정 장비가 준비되어 있지 않았다. 그래서 주퇴복좌기의 성능을 평가하기 위해 사용된 측정 장비는 고속카메라였다.

그 당시 고속카메라의 프레임 수는 0.5~1만 프레임 두 종류를 사용하고 있었는데 포탄 한 발을 사격할 때 필름과 현상 비용 등을 포함하여 약 30~50만 원이 소요된다고 하였다. 하루에 200발을 사격하면 시험평가 비용이 최대 1억 원이나 소요되는 셈이다.

이러한 비용 이외에 시험 후 고속카메라의 계측결과가 완성될 때까지 필름의 현상과 자료처리 시간이 보름에서 약 한 달가량 소요되었고 또 다른 문제는 사격 시 고속카메라를 포신 근방에 설치해야 하므로 충격과 진동으로 촬영 시 카메라가 흔들리기 때문에 측정정확도에 심각한 영향을 미칠 수 있는 문제를 발견하게 되었다.

나는 이러한 계측 방법을 목격하고 '아 이것은 시험비용에 자료 획득시간과 측정정확도에 문제가 되고 있으니 새로운 개념의 계측시스템으로 바꿔야겠다'고 생각을 하였다.

그 후 선진국 시험장의 계측방법을 분석해 보니 외국 시험장의 경우는 전위차계 센서나 링 기어방식 등을 이용하고 있었다. 그러나 이들 방법은 상품화된 것이 아니고 자체적으로 개발한 측정시스템이며 판매 여부도 불투명하였다.

링 기어 방식은 육중한 기계장치가 부착되어야 하고 사용에 불편한 측정기법이라고 생각되었다. 그리고 전위차계 방법과 스틸 와이어를 이용하는 방법은 사용이 비교적 간편하였지만 이 방법은 빠른 주퇴(Recoil) 속도의 경우 분해능에 한계가 있거나 간혹 스틸 와이어가 엉키고 절단되는 경우도 있었다.

이러한 단점을 보완할 수 있는 계측기법을 독자 개발하기로 마음먹었다. 먼저 플라스틱 봉에 일정 간격 홈을 내고 그곳에 에나멜 동선을 감은 바(Bar) 형태의 솔레노이드 코일센서를 개발하여 성능시험을 해 보았다. 이 방법은 가능성이 있어 보였지만 주퇴기의 운동 속도가 느린 영역에서 분해능이 문제가 되었다.

또 다른 방법으로는 속도 분해능이 좋은 광센서를 사용해 보기로 하였다. 광센서는 약 2m 길이의 얇은 알루미늄판에 일정 간격의 홀(Slit)을 가공하여 홀의 한쪽에는 발광 소자를 설치하고 맞은편에는 광소자를 부착하여 Slit이 통과할 때마다 펄스를 생성시켜 주퇴(Recoil)와 복좌(Count Recoil) 운동을 분석해 보았다. 이 방법도 Slit Bar 센서의 부착과 불균등한 이동 및 고속운동에서 분해능이 문제가 되었다.

그동안 연구한 결론은 속도 분해능력이 우수한 센서의 확보와 센서를 포에 견고하게 부착하는 문제가 핵심 요소였음을 알 수 있었다. 즉 주퇴복좌기의 운동을 분석할 수 있는 센서의 분해능과 포에 센서모듈을 부착했을 때 진동과 충격에 견딜 수 있도록 센서를 부착하는 기술이 요구되었다.

이러한 결론이 나기까지는 연구를 시작한 지 2년이 경과하고 있었다. 그때 우리의 모든 요구조건을 만족시킬 수 있는 LVDT[9] 센서를 우연히 발견하게 되었다. LVDT 센서는 우리말로 번역하면 선형변이차동변압기이다. 이 LVDT 센서는 일반 산업용으로 미세 변위나 속도 등을 전문으로 측정하기 위한 센서로 활용되고 있다. 우리가 필요한 센서는 길이가 2m 이내인데 1m 이하의 것들이 대부분이었다. 그래서 제작사에 편지를 보내고 문의한 결과 우리의 요구 규격을 만족하는 센서를 확보할 수 있었다.

---

9 LVDT(The Linear Variable Differential Transformer) : 선형변이차동변압기는 선형 거리 차이를 측정하는 전기적 변환기 형태를 말하는데 3개의 솔레노이드 코일이 튜브 주변에 위치하고 있다. 실린더 형태의 자석 코어가 튜브 중심을 따라 이동하여 측정 대상의 위치 값을 알려준다.

우리는 LVDT 센서를 구매하고 새로운 개념의 주퇴복좌기 운동측정시스템 개발을 시작하였다. LVDT 센서는 구매로 확보하였고 신호증폭기와 자료처리부는 자체적으로 설계와 제작을 하여 주퇴복좌기 운동측정시스템 개발을 완료하였다. 개발이 완료된 센서 모듈은 가볍고 부착이 용이하여 포신의 어떠한 진동이나 충격도 견딜 수 있어 주퇴복좌기 운동 분석 장비로 활용이 가능하였다. 아마 주퇴복좌기 운동측정시스템 개발을 시작하고 실용화할 때까지 3년이 소요되었다. 우리가 간절히 원하니 우리에게 꼭 필요한 것을 주신 것이다.

지금까지 연구소에서 개발되거나 양산되는 모든 총포의 주퇴복좌기 성능평가 시험은 LVDT 센서시스템을 전적으로 이용하고 있다. 이 시스템은 전 세계적으로 우리가 최초로 개발한 사례라고 생각한다. 이 시스템이 개발됨에 따라 세계 최고 성능의 총이나 포의 개발이 가능할 뿐 아니라 시험평가 비용은 계측결과를 출력하는데 소요되는 A4용지만 있으면 추가 비용이 들지 않기 때문에 시험평가 비용을 크게 줄일 수 있었다.

시험자료 처리시간은 실시간으로 가능하며 포신의 주퇴복좌기 운동을 감지하는 LVDT 센서의 코어 막대가 포신과 분리된 물체에 부착되기 때문에 사격 시 발생하는 진동이나 충격에 영향을 받지 않는 장점을 가지고 있다. LVDT 센서를 이용한 주퇴복좌기 운동측정시스템은 다른 계측방법에 비하여 계측이 용이할 뿐만 아니라 측정정확도가 높은 장점을 가지고 있다.

- 스스로 개발한 시스템이 활용될 때 보람은 배가 된다.
- 간절히 원하면 꼭 필요한 것을 주신다.
- LVDT 센서를 이용한 주퇴복좌기 분석시스템은 세계 최초이다.
- LVDT 센서 시스템은 예산 절감에 크게 기여할 수 있었다.
- LVDT 센서 시스템은 효율이 뛰어나다.

▶ 작용과 반작용 법칙 : 뉴턴의 운동 제3법칙으로 물체 A가 물체 B에 힘을 작용하면, 동시에 물체 B도 물체 A에 크기가 같고 방향이 반대인 반작용의 힘을 가한다.

시험통제
광통신망 구축

복지부동(伏地不動)은 땅에 엎드려 움직이지 아니한다는 뜻으로, 마땅히 해야 할 일을 하지 않고 몸을 사리는 것을 비유하여 이르는 말이다. 일반적으로 자기에게 주어진 일에 책임감을 가지고 적극적으로 업무를 수행하지 않는 소극적인 행태를 의미한다. 또한 행동하기를 기피하고 비난을 피하려 하며 변화를 거부하는 행태이다. 보다 구체적으로 얘기하면 업무 소홀, 처리 지연, 소신 결여, 책임 회피, 변화 거부 및 보신주의 등이 있다.

그 원인은 다양하고 복잡한 관계로 인해 성과평가의 기준이 모호하고 이로 인해 성과에 상응하는 보수나 승진의 기회를 주는 것이 곤란하여 동기부여가 되지 않고, 낮아진 동기부여와 모험 기피성향, 철저한 신분보장 등은 결국 복지부동을 심화시킨다고 한다.

나의 경우는 연구소에 근무하는 동안 나에게 주어지는 일을 성실히 수행하였고 일을 찾아서 하거나, 남들이 싫어하는 일이 나에게 떠밀려와서 어쩔 수 없이 해야 하는 일들도 있었다.

연구소에 입소 한지 3년 차 될 때에 내 월급의 40배에 해당하는 계측용 시험구조물을 설치해야 하는 일이 있었다. 나보다 먼저 입소한 선배님은 그 일을 하기 싫어했다.

이유는 '자신이 잘 모르는 일인데 만약에 실패하면 책임을 질 수 없기 때문'이라고 말했다. 그러나 그 일은 꼭 해야 한다고 판단했다. 나는 주위 사람의 도움을 받아 그 일을 착수했고 실패에 대한 두려움이나 걱정은 하지 않았다.

그 당시 어떻게 그런 자신감을 가졌는지 지금 생각하면 이해가 가지 않는다. 그 일을 수행하기 위해 시험구조물을 설계하고 재료를 구매하였다. 가능하면 제작비용을 줄이기 위하여 연구소 내에 있는 공작실을 많이 활용하였다.

그렇게 하여 제작된 구조물의 설치비용이 월급의 40배가량 되었다. 비용 자체도 적은 것이 아니었다. 몇 가지 시행착오가 있었지만 8개월 만에 실용화에 성공하여 고각사격을 하는 박격포의 탄과 추진제의 성능시험을 완벽하게 수행할 수 있었다.

이외에도 연구소 최초로 국가공인교정기관을 인정받아 운용하였으며 사격시험 시 필수 장비인 시험통제통신망, CCTV[10] 망, 2.75″로켓 사격통제기, LVDT 센서를 이용한 주퇴 복좌운동 계측시스템, 포구 속도 측정용 도플러레이더 개발 및 시험업무 프로세스 개선(CMMI) 연구 등 여러 가지가 있지만 그중 시험통제 통신망 설치 과제에 대해 간단히 소개하고자 한다.

시험통제 통신망은 시험 시 필수 시설이며 통신망의 성능은 시험 진

---

10 CCTV(closed circuit television) : 특정한 시설물에서 유선 TV를 사용하여 특정인만이 영상을 볼 수 있도록 한 TV

행에 영향을 주는 시험시설이다. ○○시험장의 경우 초창기에 유도무기 시험이 먼저 시작되었기 때문에 유도무기 시험용 통신망이 별도로 설치되어 운용되었다. 그런데 먼저 설치한 유도무기용 통신망이 노후화되어 교체 시기가 도래되어 총포와 탄약시험용 통신망과 통합을 해야 하는 문제가 제기된 것이다. 그래서 유도무기와 총포 및 탄약시험을 동시에 통제할 수 있는 통신망을 새로이 구축해야 했다.

시험장의 통신망 구축사업을 추진할 부서를 선정해야 하는데 어느 부서도 나서질 않았다. 통신망이라는 것이 여러 가지 이유로 깨끗한 음질을 유지하기가 정말 힘든 일이었다.

그래서 회의를 통하여 사업 주관부서를 결정하기로 하였다. 장시간의 회의 끝에 시험통제 통신망은 시험시설이니 시설지원실에서 하기로 결론이 났다.

이 시설을 구축하는데 최소 10억 원이 소요되었기 때문에 먼저 중기계획에 예산을 반영하여야 사업 수행이 가능한 일이었다. 그런데 시설지원실에서 중기 계획에 반영하기로 한 시험통제 통신망 사업계획을 누락하는 바람에 시험통제 통신망 사업 자체가 사라진 것이다.

유도무기는 시험 우선순위 첫 번째이므로 그 시험을 담당하는 주관부서에서는 통합된 통신망을 믿지 못하여 다른 예산으로 유도무기 시험용 통신망을 별도로 구축하는 일까지 벌어졌다. 그런데 그 통신망의 성능은 잡음 등으로 사용에 어려움이 있었다.

시험통제 통신망 사업이 이렇게 진행되다 보니 시험장을 책임 진 단장님은 고심하게 되었고 대전에 있는 연구소의 연구계획부에 긴급 예산을 승인받아 계측기기 개발실인 저의 부서가 시험통제 통신망 설치 및 운용을 담당하라는 지시를 하였다.

 사업 예산은 1차년도 4억 원 2차년도 6억 원을 배정받아 2년 동안 우리가 원하는 통합된 시험통제 통신망을 성공적으로 구축하였으며 구축된 ○○시험장의 통합 통신망으로 15년 이상 제 기능을 다 할 수 있었다.

 사실 어느 누구도 통신망에 대한 전문지식이 없었기 때문에 사업을 추진하는데 두려움과 업무처리가 쉬운 일이 아니었다. 그래서 누구도 쉽게 이 일을 하겠다고 나서지 못한 것이다.

 우리 부서도 광통신망에 대해 잘 알지를 못했으며 시험장 여건은 통신선로의 길이가 수백 미터에서 수천 미터로 장거리이고 항상 낙뢰에 노출되어 고장이나 파손 및 장애가 쉽게 날 수 있는 환경이었다.

 그리고 통신 선로의 일부는 육지에서 섬까지 6km 이상 마이크로웨이브 통신을 해야 하는 어려움도 있었다. 그래서 통신선을 광케이블로 선정하고 광통신망시스템을 구상하게 되었다.

 광통신망을 설치하면서 한 가지 재미있는 일화가 있었다. 사업이 승인된 1차 년도는 광케이블 매설 공사를 먼저 진행해야 했다. 1차 년도에 배정된 4억 원 예산으로 광케이블을 구매하게 되었는데 입찰 과정에서 문제가 발생하였다.

 다름 아니라 입찰자 중에 최저가에 낙찰을 받기 위해 약 2.7억 원에 입찰하는 일이 벌어진 것이다. 입찰이 다 끝나고 낙찰받은 자가 나에게 찾아와서 광케이블을 우리가 요구한 네덜란드 사의 제품인 NKF

광케이블은 구하기가 힘들므로 조금 저가인 일본 노키아 제품으로 납품하면 어떠한지 질문을 하였다.

사실 시험장 여건은 장거리 케이블 선로가 구성되어야 하고 어떤 선로구간은 태양광에 노출되어야 하고, 쥐나 다른 설치류의 동물들로부터 공격을 당할 수 있어 니퍼(Nipper) 등의 공구로 자를 수 없을 정도로 단단한 케이블을 선정한 것인데 다른 광케이블 제품을 사용한다는 것은 부실 공사의 시작이 되는 것이다. 당연히 안 된다고 말했다. 그 낙찰자는 하는 수 없이 손해를 보고 우리가 원하는 규격의 제품인 NKF 광케이블을 납품하게 되었다.

- 시험통제 광통신망은 최고의 작품이 되었다.
- 불의는 부실을 낳게 될 것이다.
- 외부 기술을 잘 활용하면 더 좋은 결과를 얻을 수도 있다.
- 맡겨진 일에 최선을 다하라.

불의에
굴복하지 말라

불의(不義)는 의리, 도의, 정의 따위에 어긋남을 의미한다.

세상을 살다 보면 정의와 불의 중 어느 쪽이 더 많은가? 우리는 심심찮게 터지는 사건과 사고를 매일 본다. 우리가 보지 못하거나 듣지 못하고 지나가는 불의는 빙산의 하부에 존재하는 것들일 것이다.

2014년 4월 16일 진도 앞바다에서 세월호가 침몰하여 초대형 사고가 발생하였다. 이러한 사고가 발생하는 배후에는 불의나 비리가 당연히 존재한다. 이러한 사건으로 인하여 다른 비리까지도 발견되는, 항상 반복되는 패턴의 불의를 경험하게 된다. 왜 이 세상에는 이렇게 불의가 많은 것일까.

의리를 지키고 도의를 다하고 정의를 따르면 좀 힘들거나 어렵고 때로는 불이익을 당해야하기 때문에 불의를 따르거나 불의의 유혹을 받거나 동참하게 된다.

우리나라를 일컬어 사고의 나라, 청탁의 나라, 불법이 우선하는 나라 또는 불법이 판을 치는 나라 등 여러 가지 표현들이 있다. 지난해에는 원자력 발전소에 사용되는 핵심부품을 불량품이 납품되고 위조

시험성적서 사건이 신문 지상에 보도되었다. 이것뿐만 아니라 이 나라에는 드러나지 않은, 너무도 많은 불의가 있다.

교통 경찰관이나 카메라가 있는 지역은 천천히 운전하고 단속이 없는 지역은 속도위반을 포함한 여러 교통위반을 하여도 죄의식을 못 느끼는 사람들이 정말 많다. 나 자신도 이런 면에서 자유롭지 못하지만 우리는 불의를 밥 먹듯 한다고 보아도 과언이 아니다.

나는 연구소에서 무기체계의 성능평가 업무 중 계측과 계측기법 연구업무를 담당하였다. 우리 부서에서 작성한 시험성적서의 결과에 따라 성능시험을 한 무기체계가 규격 일치 혹은 불일치 등의 판정을 하는데 결정적인 기초 자료로 활용되고 있다.

다시 말해, 우리 부서에서 제공하는 성적서의 결과에 따라 규격이 일치되면 군에 납품이 결정될 수 있거나 규격 불일치되면 재시험 또는 납품이 불가능할 수도 있다. 그래서 우리 부서가 정확한 시험자료를 생산하지 못하면 연구 개발하는 부서나 생산하는 방위산업체 및 무기체계를 납품받는 국가가 손해를 본다는 생각으로 자료 생산의 정확과 신속에 늘 관심을 집중하였다.

즉 우리 부서원이 정확하지 못하고 불의를 행한다면 시험계측과 자료생산을 담당할 자격이 없다는 생각을 늘 하고 있었다.

무기체계가 국가에 납품될 때까지 기초 연구나 응용 연구, 실용화 연구 등 모든 성능시험과 최종확인시험 등 여러 단계의 시험을 거친다. 이러한 과정에서 계측을 잘못하면 시험 과정이 길어지거나 아니면 무기체계의 성능이 잘못 평가되어 무기체계의 성능이 달라질 수 있는 결과가 발생될 수 있다.

그렇기 때문에 계측업무를 담당하는 부서는 대단히 중요한 부서 중 하나라고 생각한다. 납품과 관련된 시험이 잘못 평가되면 무기체계를 최종 생산하는 방위산업체나 무기체계를 납품받는 군이 피해를 입게 된다.

연구소 재임기간 중 계측업무를 담당하면서 불의와 거리가 먼 일을 해야 했다. 한 번은 무기체계의 성능평가시험에서 시험 요구조건을 초과하는 결과가 나왔다. 무기체계를 시험 의뢰한 담당 부서에서 시험 결과를 조금 조정할 수 없는지 조심스럽게 문의를 해 왔다.

즉 시험 성적서의 내용 일부를 변경해 달라는 요구였다. 그때 내가 불의에 동참하였다면 영원히 씻을 수 없는 오점을 남기는 순간이었다. 그 요구를 받자마자 생각할 여지도 없이 그 자리에서 단호히 거절했다. 그 거절로 자료 변조를 부탁한 자와 나의 관계는 어색하고 조금 불편한 관계가 지속된 경험이 있다.

우리는 이 세상을 살면서 정의에 대한 짐을 지고 살아야 한다. 이 짐은 힘든 존재가 아니라 불의에 물들지 않도록 하는 귀한 선물로 작용할 것이다. 또한, 이 짐 때문에 늘 조심하고 바르게, 그리고 성실하게 살게 될 것이다. 그리고 그 짐의 무게는 남의 고통을 느끼게 하고 이를 통해 사랑과 용서를 배우게 해 준다.

정의의 짐은 (그것이 없었다면) 미숙하게 살았을 나를 더욱 성숙하게

해 주었다. 언제나 이 짐을 통하여 겸손과 소박함의 기쁨을 알게 되었
고, 항상 나를 낮추며 살게 한 기쁨의 귀한 선물을 영원히 간직하며
살기를 원한다.

- 불의와 유혹을 피해야 성공적인 삶을 살 수 있다.
- 정의는 우리의 삶을 살찌우는 귀한 선물이 된다.
- 맡겨진 일을 담당할 자격이 있는지 생각하라. 그리고 노력하라.

연구개발에 도전하라

가장 높은 곳에 오르기 위해서는 가장 낮은 곳에 임해야 한다는 말이 있다. 낮아지는 것이 패배라고 여길지 모르지만 낮아지는 것은 또 하나의 기회라고 생각할 수 있다. 낮아지면 낮아질수록 사람들과 눈높이를 맞추고 고개를 숙이며 이야기를 들을 수 있다. 낮아지면 오르기가 더 쉬워진다. 높아지기 위해서는 낮아져야 한다.

최고의 자리에 오르는 것은 대단히 어렵지만, 그 자리를 지키는 것은 더 어렵다고 한다. 최고의 자리에 오른 후에는 '도전정신'이라는 가치 있는 보물을 잃어버리기 때문이다. '도전정신'이라는 것은 성공을 위해 갖춰야 할 기본이다. 그 안에는 동기부여, 희망, 노력, 인내 등이 모두 함축되어 있기 때문이다.

꿈을 꾸고 그 꿈에 한발 한발 다가가는 과정은 그 결과와 관계없이 참으로 아름답고 위대한 모습이다. 인간이 자신을 성장시키고, 성숙하게 하기 위해 끊임없이 도전하는 순환구조 자체를 자신 실현의 과정이라고 칭하며, 인간이 할 수 있는 가장 훌륭한 모습이라고 말한다.

그런 모습들이 우리 인간이 지닌 능력을 최고로 나타낼 수 있는 최
상의 방법인 것 같다. 그러기 위해서는 우리가 늘 스스로를 반성하고,
점검하며, 끊임없이 노력해야 한다. 진정한 위대함은 자신의 과거보
다 한걸음 앞서 나가는 데 있다는 인도의 속담이 있다.

성공한 사람은 과거의 성취보다 다소 높게 그러나 과하지 않게 다음
목표를 세워야 하고, 명예롭지 못한 성공은 양념 없는 요리와 같아서
배고픔은 없애도 맛은 없다는 명언이 있고, 나약한 마음 게으른 심성,
부정적인 습관은 자신의 운명과 대인관계를 막는 장애물이라고 한다.

존 F. 케네디는 '꿈과 목표는 인생의 도구가 되어야지 목적이 되면
그 본질이 훼손된다'는 말을 했다. 꿈을 붙잡아라. 꿈을 놓친 인생은
날개가 부러져 날지 못하는 새와 같다는 명언도 있다. 꿈을 이루거나
성공은 자연 연소의 결과물이 아니라 눈부신 노력의 열매이다.

오늘날 젊은이들은 힘들고 더럽고 위험한 일을 싫어한다.

1980년대 이후 소득수준과 생활 수준이 급격히 향상되면서 근로자
들이 일하기를 싫어하는 업종을 지칭하는 신조어 3D가 있다. 즉 더러
움을 의미하는 Dirty, 힘듦을 의미하는 Difficult, 위험함을 의미하는
Dangerous의 앞 글자를 따 만든 것이다.

내가 연구소에서 일한 계측업무가 3D에 해당하지 않을까 생각한다.
무거운 장비를 옮겨야 하고 계측장비 설치며 날씨가 덥거나 추워도
센서와 신호케이블을 설치하고 또 철수해야 한다. 그리고 계측결과가
정확하게 나올 수 있도록 모든 조건을 만족해야 하기 때문에 더럽고,
힘들고 위험부담이 항상 존재하는 업무이다.

2000년 이전에 신입 소원들이 들어왔을 때는 견디기가 너무 힘들어 다른 부서로 옮기거나 직장을 떠나는 경우가 많았다. 그래서 나의 후임자나 중간층이 없는 인력 구조를 보였다.

연구소 정년을 5년 정도 앞두고 있을 무렵 연구개발이나 시험평가 업무 프로세스 개선이라는 CMMI(Capability Maturity Model Integration) 과제가 떨어졌다. CMMI 업무는 정말 잘 알지도 못했을뿐더러 힘들고 실패에 대한 위험 부담도 있는 과제였다. 대부분의 연구원들은 불필요한 일이며 오히려 업무를 과중하게 만들 것이라고 비협조적이었다.

아무도 CMMI 업무추진 위원장을 맡지 않으려고 했다. 결국, 나에게 그 임무가 떨어졌는데 나는 한번 도전해 보고 싶었다. 추진하는 과정에서 참여하는 연구원들이 적극적이지 않으니 그것이 더 힘들었다. 5년 동안 그 힘든 일을 수행하여 초기 단계인 CMMI 레벨 2를 달성하고 정년을 맞이하게 되었다. 정년 후 그동안 연구한 내용들을 정리하여 2011년에 「CMMI 이해와 공학 프로세스 모델링」이라는 책을 출간하게 되었다.

대부분의 연구원들이 싫어하는 이 과제를 수행한 결과 CMMI의 내용을 확실히 알게 되었다는 것과 그 결과로 그동안 공부하고 일한 것을 책으로 남길 수 있었다는 것! 아무것도 아닌 것으로 치부해 버릴 수도 있겠지만 나에겐 얻은 것이 정말 많았다고 생각된다.

나는 연구나 개발 그 자체가 하나의 도전이라고 본다. 가만히 있어도 모든 일이 쉽게 처리되는 일이라면 연구나 개발이라고 표현하기가 어렵기 때문이다.

나에게 맡겨진 ○○시험장의 시험통제 광통신망의 설계와 제작과 설치 및 실용화 성능시험 등은 하나의 작은 도전 과제가 되었다.

그리고 국내외적으로 처음 해 보는 것이라 큰 도전이라고 볼 수 있다. 물론 연구소에서 연구한 모든 일이 하나의 도전적인 일이었다. 크고 작은 정도의 차이는 있었지만 항상 마음 졸이는 일들이 많았기 때문이다.

도전적인 일을 두려워하지 말고 즐겨야 한다. 낮은 위치부터 시작해 높은 위치에 올랐을 때 얼마나 감격스럽고 가슴 뿌듯한지 느껴본 자만이 이해할 수 있다. 아마 높은 산의 정상을 정복했을 때, 바로 그 감정일 것이다.

- 도전은 최고의 자리에 오르게 하는 보물이다.
- 도전하면 성장과 성숙의 꿈이 이루어진다.
- 꿈이 없는 인생은 날개가 부러진 새와 같다.
- 명예롭지 못한 성공은 양념 없는 요리와 같다.
- 시험의 결과가 얼마나 정확한지 그리고 믿을 수 있는지 말할 수 있어야 한다.

나의 직장생활

작은 물줄기라는 말은 큰 물줄기보다 작다는 뜻이고 큰 물줄기는 은퇴 전에 자신이 매월 받는 급여를 상징한 것이다.

누구든지 직장이나 일터에서 물러날 때가 있다. 그때를 대비하여 작은 물줄기가 될 수 있는 것을 사전에 많이 만들어 두는 것이 노후 준비라 말할 수 있다. 노후 준비는, 젊었을 때는 그다지 중요하게 느껴지지 않은 부분이 먼 훗날 자신을 초라한 모습으로 만든다. 그저 열심히 살아가면 되는데, 왜 미리 걱정하느냐고 생각할 수 있다. 하지만 노후 준비가 중요한 이유는 평균 수명이 늘어나고 있기 때문에 정년 후 20년 이상을 먹고살 수 있는 생활자금이 필요하기 때문이다.

그렇기 때문에 노후 준비를 위한 노후 대책을 세워서 실천하는 것이 매우 중요하다. 노후 준비는 은퇴시기를 미리 정하고 지금부터 그때까지 얼마간의 소득이 예상되는지 체크해 보아야 한다. 노후 기간을 잡는 방법은 통상적으로 대한민국 평균수명에 10년을 더해 잡고 있는데 이유는 의학의 발달로 계속해서 수명이 늘어나고 있기 때문이다. 노후 준비는 필요한 월 생활비이며 생활비는 기본적인 생계비 외에 여가를 즐길 수 있는 비용까지 포함해서 책정한다. 통계적인 수치로 따지면 50세 이후 은퇴자 평균 생활비는 월 이백만 원 정도로 나타나고 있다. 각자 생활환경에 따라서 금액은 달라질 것이다.

노후 준비의 한 가지 방법으로 현재 연금투자 항목을 체크해야 한다. 현재까지 들고 있는 연금의 수급 받는 예정일과 금액을 확인하고 은퇴 후 노후 대책으로 준비하고 있는 자금이 차후에 적을 경우 고단한 생활이 예상되므로 지금부터 부족한 금액에 대한 대비책이 필요하다.

노후 대책을 위해서 가장 많이 하는 방법이 수익률이 높은 금융상품을 선택하는 것이다. 하지만 무턱대고 투자했다가는 낭패를 볼 수 있어서 노후 준비를 할 때 꼭 주의해야 한다.

이상과 같이 연금이나 저축 등으로 노후 준비를 하는 것에 추가하여 현역생활을 좀 더 연장하는 방법이 있다. 이것은 한마디로 말해 분야별 전문가가 되라는 말이다. 즉 정년 후 일을 할 수 있는 능력을 갖추는 것이다. 몇 가지 확인 및 점검사항은 다음과 같다.

- 당신은 전문가가 되기 위해 무엇을 준비하고 있는가?
- 전문가란 1% 성공인 대열에 포함될 수 있는 자를 말한다.
- 전문가는 어떤 일을 하여도 성공할 수 있는 능력이 있다.
- 작은 물줄기를 만드는 일을 사회 초년생부터 시작한다.
- 전문 강의를 위해서는 분야별 최고 전문가가 되어야 한다.
- 부동산이나 증권 전문가는 10~20년 이상 준비를 요한다.
- 새로운 창업은 자신이 가장 잘할 수 있는 분야를 선택한다.
- 자신의 적성에 맞는 자격증을 획득한다.
- 새로운 창업을 한다.
- 재취업을 한다.

- 전문 분야 강사로 활동한다.
- 부동산 전문가가 되라.
- 증권투자 전문가가 되라.

나는 직장생활을 하는 동안 작은 물줄기 이론은 들어본 적이 없었다. 오로지 회사 일에 최선을 다했을 뿐, 노후 준비를 위한 계획을 세운 적도 없었다. 퇴직금과 국민연금이 전부였다. 사실 퇴직금도 중간정산으로 학자금 등을 정리하면 남는 것은 없었다. 다행스러운 일은 그동안 연구소에서 일한 경험과 업무를 통하여 얻은 능력을 인정받아 계측 관련 회사에 재취업을 할 수 있었다.

나는 연구소에 근무하면서 포구 속도 측정용 도플러레이더를 개발한 결과로 도플러레이더에 대한 교정기를 세계 최초로 개발하게 되었으며 솔레노이드 코일센서를 이용한 포구 속도 측정시스템을 연구한 경험으로 성능이 더 향상된 포구 속도 측정시스템을 개발하여 현 직장에서 새로운 작은 물줄기를 만드는 데 활용할 수 있는 좋은 기회가 되었다.

그리고 ○○시험장이 연구소 최초로 계측기에 대한 자율교정기관을 국가로부터 승인받았다. 이때 측정불확도 평가에 대한 이론을 공부하게 되어 전문교육기관에서 강의도 할 수 있는 조건이 갖추어진 것이다. 연구소 재임 중 노후준비는 하지 못했지만 열심히 일한 것들이 하나하나가 작은 물줄기로 활용될 수 있다는 것은 행운이라고 생각한다.

물론 34년간 근무하는 동안 더 능력 있는 사람으로 혹은 쓸모 있는 사람으로 만들어 준 것은 연구소라고 생각한다. 그래서 연구소에 근무한 것에 늘 감사를 느끼고 있다. 사실 연구소에 근무한 것은 월급을 받기 위한 것보다 나에게 주어진 일을 수행하고 성취하는데 더 재미를 느꼈다. 그동안 연구소 일을 하면서 자영업자의 마음으로 예산 절감을 위해 열심히 개발한 센서와 장비제작 경험들이 나에게 정년 후 작은 물줄기를 만드는데 좋은 기회가 되었다.

정년 후 새로이 개발한 포구 속도 측정용 솔레노이드 코일시스템은 관련기관에 납품이 가능하게 되었고, 도플러레이더 교정기를 개발해 국내외 유일하게 코리아인스트루먼트(주)가 속도 측정기 분야 국가공인 교정기관으로 인정받게 되어 도플러레이더를 보유하고 있는 군이나 관련 기관에 교정 소급 업무를 서비스할 수 있게 되었다.

위에서 소개한 계측기법 외에도 연구소에서 연구한 계측기법을 상품화하거나 응용하면 더 많은 제품들을 나의 작은 물줄기로 만들 수 있을 것으로 생각된다.

- <u>노후를 위한 작은 물줄기를 미리 준비해 두어라.</u>
- <u>어떤 분야에 전문가가 되도록 노력하라.</u>
- <u>인생의 목표 설정은 건물의 기초공사와 같다.</u>
- <u>현역생활을 좀 더 연장하는 방법을 찾아라.</u>
- <u>1% 성공인 대열에 포함될 수 있는 자가 되라.</u>

Part

2

성공하는 직장인

OFFICE WORKERS'
LIFE AND ITS PHILOSOPHY

직장인의
삶과 인생철학

회사가 돈을
벌게 하라

직장생활을 하면 월급을 받게 된다.

10여 년 전부터 국가적으로 급여 제도가 고정된 월급과 보너스제도에서 성과급으로 변하면서 연봉에다 성과급을 주는 회사가 많아졌다.

이 제도는 일을 열심히 하는 자나 적당히 시간만 채우는 자나 똑같이 월급과 보너스를 받을 수 있는, 연공서열과 같은 제도를 없애고 열심히 일하는 자는 그만큼 대우해 주고 생산성을 높이는 데 목적이 있다.

나는 연구소에 입소하여 총포와 탄약의 무기체계 성능평가 업무 중 계측기법 연구와 계측을 담당하였다. 그 당시만 해도 시험계측 분야는 처음 시작하는 단계라 제대로 계측장비들이 갖추어진 것이 없었다. 무기체계의 연구개발도 선진국의 무기체계 모델이나 규격들을 모방 개발이 많았던 시절이었다. 시험평가 분야도 선진국에서 사용하는 계측장비나 시설을 기술 자료나 견학 등으로 정보를 얻어 외국으로부터 구매하여 사용하는 정도였다.

총포나 탄약의 성능을 평가하는 시험자료 중 기본이 되는 것은 포구 속도와 포강 내 압력자료이다. 1977년 이전부터 포강 내 압력 계측용 장비는 동구 게이지(Copper Gauge)를 주로 사용하고 있었고 포구 속도 계측용 장비로는 스카이 스크린이라는 장비 한 대가 전부였다. 포강 내 압력측정용으로 사용되는 기계식인 동구게이지는 운용이 간편하고 안정된 측정 자료를 얻을 수 있어 지금까지도 널리 사용되는 방법중 하나이다.

그런데 광학장비인 스카이 스크린(Sky Screen)은 날씨나 화염 및 날아다니는 벌레 등에도 영향을 받는 탓으로 단점을 보완할 수 있는 다른 방법의 계측시스템이 요구되었다. 다른 방법으로는 포구 속도 측정용 도플러레이더 장비나 솔레노이드 코일[11]을 이용한 포구 속도 측정시스템이 있는데 이들 두 가지 방법은 미국 등 선진국에서도 널리 사용되는 장비들이었다.

1980년 초에는 도플러레이더의 성능이나 측정기술이 발달되지 않아 포탄의 속도가 1000m/s 이상의 높은 속도 범위나 100m/s 이하의 저속에서는 측정이 불가능하였다. 그 당시 전차 공격용 ○○탄의 초기 속도가 1000m/s 이상인 ○○탄 개발이 진행되고 있었다. 그런데 우리 부서에는 ○○탄의 속도를 측정할 수 있는 계측장비가 없었다.

급히 외국으로부터 솔레노이드 코일장비를 도입하기로 하고 예산을 반영하여 솔레노이드 코일센서를 이용한 포구 속도 측정 장비를 확보하게 되었다. 만약에 이 측정시스템이 확보되지 않았다면 연구 개발된 ○○탄의 성능시험을 하기 위해 외국 시험장을 활용해야 할 형편이었다. 마침 확보된 솔레노이드 코일을 이용한 포구 속도 측정시스

---

11 솔레노이드 코일 : 균일하게 감은 원통 모양의 코일. 즉 원형 도선을 여러 번 감은 코일을 말한다.

템이 실용화됨에 따라 대부분의 탄약과 추진제 및 포 시험에 적용할 수 있었다. 이 시스템의 단 한 가지 단점은 고각 사격 시 센서를 높이 매달 수 있는 설치대가 요구되었다. 그러므로 사격시험을 저각으로 시험하는 경우가 많아졌다.

특히 전차를 공격하기 위한 ○○탄 시험의 경우 Sabot이라는 분리 물체가 사격 시 사선 방향으로 날아가기 때문에 솔레노이드 코일센서의 파손이 많았다. 시험장에서 소모되는 솔레노이드 코일센서를 해외에서 구매하여 사용할 경우 연간 센서 비용이 2억 원 이상 소요되었다. 이것도 하나의 예산절감 대상이라고 생각하였다.

이러한 문제를 해결하기 위해 솔레노이드 코일센서를 국산화하기로 하고 센서 프레임을 외국산과 동일한 목재로 설계하여 제작해 본 결과 제작비용이 1/6 수준으로 예산을 절감할 수 있었다. 그렇지만 제작 과정이 복잡하고 센서 파손 시 수리가 어렵다는 문제가 제기되어 다른 제작 방법을 찾아보기로 하였다.

다른 제작 방법은 센서 프레임을 플라스틱 재질로 바꾸고 금형을 이용하여 사출하면 대량 생산이 가능하고 비용을 대폭 절감할 수 있는 아주 획기적인 방법이 있는데 금형을 설계하고 제작해야 하는 문제가 남아있었다. 1년 동안 연구와 노력 끝에 사출방법으로 만든 코일센서 프레임을 제작하였으며 제작비용이 해외 구매 가격에 비하면 1/50 수준으로 감소되어 연간 2억 원 정도 예산을 절감할 수 있었다.

그 후 ○○시험장은 솔레노이드 코일센서를 이용한 포구 속도 측정 시스템을 20년 정도 운용하다가 도플러레이더의 성능이 향상됨에 따라 2000년 초부터는 사용이 잠시 중단되었다. 그런데 지금까지 ○○

시험장의 경우 사격을 바다 방향으로 하고 있기 때문에 해무와 어선 통제의 어려움 및 바다 오염 등의 문제가 제기되어 새로운 개념의 ○○○사격장을 건설하여 시험 운용 중에 있다.

전천후 사격장은 저각 사격을 하여야 하기 때문에 포구 속도 측정용 도플러레이더는 지면으로부터 반사되어 들어오는 간섭신호로 사용에 제한이 있음을 확인하였다. 이 문제를 해결할 수 있는 최적의 방법은 솔레노이드 코일시스템을 이용하는 것이다. 이러한 시험환경의 변화 때문에 향후 솔레노이드 코일시스템이 다시 사용될 것으로 예상한다. 이러한 전천후 사격장은 국내에서만 해도 여러 곳에서 운용될 예정이다.

나는 정년을 한 이후에도 솔레노이드 코일시스템을 계속 연구하여 세계 최고 성능의 신제품을 소요 기관에 납품하고 있다. 향후 개발이 완료된 국산 솔레노이드 코일시스템은 해외 수출도 가능하리라 본다.

- 세계 최고 성능의 계측시스템은 지속적인 연구에서 나온다.
- 회사가 돈을 벌게 하라.
- 솔레노이드 코일시스템의 국산화로 예산 절감이 가능하였다.
- 회사가 돈을 버는 것은 물자절약과 새로운 제품개발 등이 있다.
- 사장의 입장에서 일하면 예산절감 대상을 쉽게 찾을 수 있다.

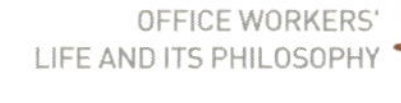

회사의 관심분야
일을 하라

이 세상에는 수없이 많은 종류의 일거리(job)가 있다.

가정에서만 해도 빨래, 청소 등 우리가 생각하지도 못한 일들이 너무도 많다.

그런데 어떤 일을 해야 최고의 대우를 받을 수 있을까? 누구나 자신이 속해 있는 조직에서 최고의 대우와 인정받기를 원한다. 먼저 그 조직이 원하는 관심 분야의 일을 해야 한다. 그리고 그 관심 분야의 일에서 다른 사람보다 많은 성과를 달성하여야 할 것이다.

은행이라는 직장을 살펴보면 겉으로는 일거리가 단순해 보인다. 그렇지만 자세히 보면 은행 입구부터 경비와 고객 안내, 일상적인 예금, 출금, 공과금 납입처리, 대출 및 예금 고객 유치 등 다양한 분야의 일거리가 있다. 그런데 어떤 일을 하는 자가 최고의 대우를 받을 수 있을까?

아마 은행에서는 매출과 연관되는 일을 많이 하는 자가 같은 직급에서 많은 연봉을 받을 것이다. 아마 자신이 일하는 분야에서 최고의 성과를 내기 위하여 그 분야에서 최고의 실적을 내는 자가 되어야 할 것이다.

어떤 분야에서 최고의 실적을 내기 위해서는 공부를 하거나, 경험을 갖거나 아무튼 남보다 앞서는 무엇이 있어야 한다. 그래서 대학을 진학하기 전에 장래에 어떤 사람이 되기를 원하는지, 아니면 어떤 일을 하고 싶은지 하는 상담이 이루어진다.

사람이 태어나서 1년이 지나면 돌잔치를 한다. 그때 부모들은 대부분 자신의 아이가 앞으로 어떤 사람이 되었으면 좋겠다고 생각을 한다. 우리나라의 경우 돌잔치 때 돌잡이라는 풍습이 있다. 물론 이 경우는 재미로 한다고 보아야 하겠지만 사람은 누구나 성취하고 싶은 소망과 꿈을 가지고 산다. 그렇지만 그 꿈을 이루는데 많은 시간이 걸리고 이루어 놓은 그 꿈에 만족보다는 불만을 갖는 경우가 많다.

왜 그럴까 생각해봐야 한다. 아무리 열심히 일해도 그 직장에서 관심 밖의 일을 한다면 인정받기가 쉽지 않을 것이다, 연구소에도 여러 분야의 일거리가 많다. 그중에서 핵심 연구 과제를 수행하는 부서가 있고 그렇지 못한 부서도 있다. 핵심 연구 과제를 수행하는 부서는 그만큼 목적을 달성하는 데 더 힘든 과정이 있을 수 있다. 그렇지만 성공을 하게 되면 최고로 인정을 받을 수 있다. 그렇기 때문에 그 조직의 핵심 적인 일거리를 수행해야 한다.

그렇다고 모든 사람이 그 조직에서 핵심적인 일을 할 수는 없다. 자신이 잘할 수 있고 최고의 실적을 낼 수 있는 일거리를 찾아야 한다는 말이다. 그다음은 차선책으로 핵심 분야는 아니지만 많은 성과를 이루어야 한다. 즉 맡은 일에 일단 최선을 다하면 그래도 어느 정도 인정을 받을 수 있게 된다는 것이다.

나는 대학을 졸업하고 연구개발과 계측기법 연구업무를 39년 이상 일을 하였다. 그런데 그동안 일한 분야가 그 조직의 핵심 일거리가 아니었다. 그렇지만 최선을 다하고 한 우물을 판 경우라고 생각한다.

1975년 10월부터 2010년 12월까지 화신전자와 ADD에서 계측 관련 일을 하고 정년을 맞이했다. 나는 정년 후 무엇을 하겠다는 계획을 세우거나 별도로 준비한 것이 없었다.

재취업한 회사는 계측기기를 교정[12]하는 국가교정기관이다. 그래서 계측기기 분야 연구개발을 수행하기 위해 부설 연구소를 설립하였다, 그리고 회사의 매출을 올릴 수 있는 방안을 연구하여 시장개발을 열심히 하게 되었다.

현재 몸담고 있는 조직은 매출을 많이 올리는 것이 우선 과제인 것으로 판단하였다. 그래서 연구업무는 매출과 직결될 수 있는 과제 창출을 위한 사업계획서 작성과 해당 연도 매출 가능한 연구 과제를 선정하는 데 중점을 두었다. 마침 국방기술품질원 연구과제 하나를 승인받아 계획대로 개발을 완료하여 하나의 상품화 하는 데 성공하였다.

---

12 교정(Calibration) : 특정조건에서 측정기기, 표준물질, 척도 또는 측정체계 등에 의하여 결정된 값을 표준에 의하여 결정된 값 사이의 관계로 확정하는 일련의 작업이라 정의 한다.

그리고 매출을 올리기 위해 시장개발이라는 이름으로, 영업을 한 번 해보기로 마음먹었다. 그런데 영업이란 난생처음 해 보는 것이다. 내가 잘 할 수 있을까라는 두려움도 있었다.

내가 몸담고 있는 조직에게 필요한 것은 기업신장이었는데 그러기 위해 매출이 늘어나야하고, 성장 동력을 얻기 위해 교정 분야 확대와 계측기기의 연구개발이 절실히 필요하다고 판단하였다.

- 회사에 도움이 되는 일을 하라.
- 회사가 필요한 것은 매출을 신장시키는 것이다.
- 조직에서 인정받는 사람이 되라.

시장개발에 도전하다

시장개발의 뜻은 영업을 말한다. 지금까지 연구 분야에서만 일한 나에게, 영업이라는 단어는 저항감과 이질감이 있었다. 그래서 영업보다는 시장개발이라는 용어를 사용하며 본격적으로 영업활동을 하였다.

내가 시장개발을 하게 된 것은 소속 회사의 핵심 업무를 수행하기 위함이었다. 지금 이 나이에 혼자서 연구, 개발만을 하고 있으면 매출은 언제 올릴 수 있을지 불투명한 일이고 잘못하면 회사에 누를 끼칠 수도 있기 때문이다.

정년을 한 선배들을 보면 연구 환경이 잘 갖추어진 회사에서도 길어야 2~3년 지나면 연구개발이나 자문역은 한계가 있었다. 나는 연구개발과 영업을 동시에 병행하기로 마음을 먹었다. 시장개발을 시작한 첫해 연도는 0.3억 원 영업매출에 연구개발은 0.5억 원과 정부과제 비 0.3억 원을 획득하는 실적을 올렸다. 2년 차에는 영업만 1, 2억 원 연구개발은 0원이었다. 3년 차에는 영업 3, 4억 원에 연구개발은 두 품목의 제품 개발을 완료하여 상품화하였다.

닭은 계란을 낳아야 한다. 계란을 낳는 일은 매출에 비유할 수 있다. 계란이 아니면 육계라도 역할을 하여야 한다. 나는 두 가지 일을 병행하면서 회사가 필요로 하는 기술직원의 기술교육과 교정능력 및 교정 분야 확충을 위해서도 노력을 하였다.

연구개발은 시간이 요구되기 때문에 두 가지 일을 동시에 수행한 것은 잘한 일이라고 생각되었다. 연구개발이 완료된 두 개의 제품 중 솔레노이드 코일센서를 이용한 포구 속도 측정시스템은 곧 매출로 연결될 예정이고 도플러레이더 교정기는 국가공인 교정품목으로 인정받아 운용 중이다. 연구개발은 이와 같이 상품성이 있는 제품을 많이 개발해 두면 매출과 연결될 수 있어 회사 성장의 디딤돌이 될 것이다.

나는 영업을 남들과 다른 방법으로 시도해 보기로 하였다. 현재 소속된 회사는 국가교정기관으로 교정을 수행하고 교정기술료로 유지되는 회사이다. 가격을 부풀리거나 속이는 일은 있을 수 없는 일이다. 교정기술료는 국가기관에서 책정되어 진다. 교정기술료는 고정된 가격이지만 교정기관들 간 과다경쟁으로 제대로 기술료를 받지 못하고 항상 할인해 주어야 영업이 가능하다. 그렇기 때문에 가만히 앉아서 영업을 할 수는 없었다. 영업을 효과적으로 하기위한 새로운 아이디어를 창출해 낸 것이 본부장 제도이다. 이것은 내가 알지 못하는 영업 분야는 그 분야를 잘 아는 인맥을 활용하는 방법이다. 즉 사람을 통하여 소개받아 영업을 하였는데 내가 해결할 수 없는 많은 것을 할 수 있었다.

　다음은 회사를 소개하는 카탈로그를 새로이 만들고 카탈로그 내용을 쉽게 이해할 수 있도록 요약본도 만들었다. 그리고 회사가 서비스할 수 있는 교정기술과 일반 서비스 내용을 5페이지 정도 요약하여 타 교정기관과 차별화를 시도하였다. 특히 제약회사를 위한 홍보용 자료도 별도로 만들어 국가공인 교정의 필요성을 홍보하였고 제약회사가 따르고 있는 GMP(Good Manufacturing Practice) 규정의 발전방향 등에 관한 자료를 제공하여 제약회사에 작은 고객감동을 주었다.

　그리고 국가기관이 실시하는 교정과 시험분야 종사자들에게 불확도(Uncertainty) 교육 강사로 활동하였는데 교육을 통하여 감명을 받았다고 영업까지 진행되는 경우도 있었다. 고객의 마음을 얻기 위해서는 고객을 위해 정성과, 시간, 노력, 물질, 위로 및 칭찬 등을 해 주어야 한다. 직장 밖에서 만나는 모든 사람과, 강의에서 만나는 사람들도 예비 고객인 것이다. 정성을 다하고 노력을 다하면 언젠가는 좋은 열매를 맺게 될 것이다.

　하루는 영업부 직원들이 모여 토의를 하고 있었다. 나도 옆에서 어떤 내용인가 하고 듣게 되었는데 내용은 교정 의뢰를 하는 어떤 회사 내 젊은 직원의 불만에 관한 이야기였다. 그 젊은 직원은 퉁명스러운 어투에 시간도 제대로 지키지 않으면서 오히려 우리 회사 영업부 직원들의 고객 응대가 소홀하다고 불평하며 교정 물량을 다른 교정기관에 줄 수도 있다는 뜻을 내비쳐 긴급 대책회의를 진행하는 것이었다.

　우리 직원의 불만은 상대가 반말 비슷한 표현, 시간 약속을 잘 지키지 않는 것 때문에 정말 스트레스가 이만저만이 아니라고 했다. 아무리 고객이라도 스트레스를 받아가며 일하기는 힘들다는 결론이 나왔다. 물론 그래도 고객이니 참아야 한다는 의견도 있었다.

그때 나도 한마디 거들었다. 뜨거운 감자를 뜨겁다고 바닥에 팽개치면 그 감자는 못 먹는 것이 아닌가. 뜨겁지만 좀 참는 것도 우리가 많이 배우는 것이라고. 그리고 야구공이 날아올 때 앞으로 나아가면서 공을 받으면 충격이 심하지만 뒤쪽으로 한 발 물러서서 받으면 조금 완충 되어 부드럽게 공을 받을 수 있듯 고객이 마음에 들지 않아도 조금 양보하면 스트레스도 줄어들 것이라고 말해 주었다.

이러한 것도 하나의 영업 방법이라고 본다. 나는 영업에 관심을 가진 이후로는 영업에 대한 좋은 아이디어가 있으면 영업부서에 전달해 주곤 하였다. 그중 생각나는 것이 고객 응대 방법에 관한 것인데 소개하면 다음과 같다.

눈은 고객의 장점을
입은 공손한 말을
얼굴은 환한 미소를
몸은 겸손한 인사를

그리고 「육일약국 갑시다」라는 책을 읽고 '매출 200배 성장비법'을 요약하여 영업부 직원들에게 전하여 주었다. 요약된 내용은 다음과 같다.

1. 고객감동은 기적을 낳는다

- 친절하게 손님의 이름을 외우고 정성을 다하라.
- 단골손님을 만들어라. 1명의 손님이 두 명이 되고 기하급수로 변한다.

– 손님의 질문이나 요구에 100% 응답하라.

– 입소문을 활용하라.

  (친절하다/납기 준수, 품질이 좋다 등)

– 고객의 돌아가는 뒷모습을 보면서 서비스의 만족도를 체크하라.

– 좋은 끝맺음은 고객의 신뢰도를 높이고 잠재고객을 끌어올 수 있다.

– 손님과 대화 시간을 늘리고 넋두리도 받아줘라.

– 남들보다 1.5배 이상 친절하라.

– 고객의 욕구를 정확히 만족시켜야 다시 찾아온다.

– 고객을 돈으로 보지 말고 사람으로 대하라.

– 정직은 경쟁력이며 위험에 처하지 않게 하는 확실한 안전장치이다.

– 1명의 고객을 친구로 삼으면 250명의 잠재고객이 찾아온다.

– 고객의 얼굴/눈/표정을 수시로 관찰하여 맞춤 상담을 하라

– 따뜻한 인사말이나 대화를 하라.

– 고객에게 발언의 기회를 주라.

– 판매에 대한 지나친 의욕은 고객에게 방어 자세를 취하게 한다.

– 오늘 물건을 팔았다고 다시 안 볼 사람이 아니다. 단골이 되게 하라.

2. 탐구하는 자세는 경쟁력을 키운다

– 의문이 생기면 해결될 때까지 생각하라

– 끊임없이 새롭게 변신하라.

– 고정관념을 버려라.

– 항상 여유와 너그러움을 가져라.

– 어제는 바꿀 수 없지만 오늘은 자신의 의지로 바꿀 수 있다.

- 지금 만나는 사람이 복을 주는 자라고 믿는다.

3. 매일 매일 정성껏 씨앗을 뿌려라

- 하루도 쉬지 말고 씨앗을 뿌려야 한다.

- 2개를 뿌리고 1개만 거두라(욕심은 패망을 부른다)

- 오늘 희망과 성공의 씨앗을 심고 정성으로 가꾸면 반드시 성공의 열매를 맛
  볼 수 있다. 그리고 그 열매를 다른 사람들에게 나누어주는 것이야말로 성공
  적이고 보람 있는 삶이다.

- 복의 90%는 사람을 통해 받는다.

4. 고객의 마음을 얻는 방법

- 정성/시간/노력/물질/위로/칭찬 등을 주는 것이다.

5. 고객에 앞서 직원부터 감동시켜라

- 장사란 이익보다 사람을 남기는 것이다.

- 직원이 살아야 회사가 산다.

6. 자영업자의 마인드로 살라

- 직장인 마인드는 급여일을 손꼽아 기다리며 산다.

- 자영업자는 다음 급여일이 돌아오는 한 달을 생존을 위한 전쟁의 시간으로 산다.

- 일 하나를 처리하는데 만 가지 방법을 동원해서라도 성공시켜라.

7. 성공할 사람

- 자영업자의 마인드를 가진 자.

- 남에게 많은 것을 나눠줄 능력을 갖춘 사람.

- 목표를 가지고 노력하는 사람. (노력하면 불황이 찾아오지 않는다)

- 정직한 사람.

- 아무리 작은 성공이라도 행복하게 받아들여라. (불평하지 말라)

- 포기하지 않는 사람. (실패자는 변명이나 이유를 찾는다)

- 성공하는 습관을 매일 실천하는 사람. (참고 : '작은 물줄기' 본문 中)

- 실패를 성공의 밑거름으로 활용하는 사람.

- 이윤보다 사람을 남기는 장사를 하라.

- 시간을 낭비하지 마라. (시간을 도둑맞는 것은 미래를 도둑맞는 것)

- 나누어 주고 베풀 수 있는 사람.

- 꾸준히 노력하고 앞으로 나아가는 사람.

- 일단 일을 시작하고 보는 사람.

- 긍정적인 사람. (부정적인 사람은 원망하고 변명을 찾으려 한다)

- 불가능하다고 말하는 사람은 노력하지 않고 자기변명을 하는 사람이다.

■ 시장개발의 핵심은 고객의 마음을 움직이는 것이다.

■ 일 하나를 처리하는데 만 가지 방법이 있다.

■ 회사가 필요로 하는 일을 먼저 하라.

■ 항상 사람을 남기는 장사를 하라.

일을 피하지 말라

직장생활을 하게 되면 자기에게 주어지는 고유의 일이 있다.

그런데 때로는 그 일 외에 다른 일이 생겨날 수도 있다. 자기가 맡은 부서의 일과는 다른 성격의 일인데 자기일 외에 비전문분야 혹은 부수적인 일을 하는 것은 누구나 좋아하지 않는다.

만약에 그 일을 수행하다가 결과가 좋지 않으면 책임추궁을 당할 수도 있기 때문이다. 즉 잘해야 본전이라고 생각되는 일이다.

그래서 대부분의 사람들은 이와 같은 일을 피하거나 싫어한다. 내가 근무한 시험장은 부서별로 주어진 고유의 일들이 있었다. 그런데 시험장에서 필요한 공통적인 일들이 있게 마련이다. 물론 이러한 일을 수행하는 부서가 있다면 별문제가 없겠지만, 그렇지 않을 경우에는 어느 부서가 그 일을 해야 할지 서로 미루는 경향이 있다. 이러한 대표적인 일들은 시험장의 시험지원 업무들이다.

시험장의 시험지원 업무는 시험통제용 통신망이나 경계 및 시험현장 관측용인 CCTV망 그리고 시험장 각 지역의 기상을 측정하는 기상측정시스템 등이 시험 관련 부서가 필요로 하는 시험지원 업무이다. 그렇다면 시험지원 시설이므로 시설지원실에서 담당하면 되지 않나 생각할 수 있지만 시설지원실은 건물이나 시험장 주행도로, 시험장 일반시설, 영선 및 목공 등의 일을 주로 수행하고 있기 때문에 시설지원실에서는 장비운용이 불가하다고 말해 시설지원실은 배제되었다.

그다음은 관리부서와 전문분야별 시험 및 계측실로 구성되어 있는데 시험부서에서 위 시험지원 업무를 맡아야 했다. 그 당시만 해도 시험 준비실 같은 부서가 없었기 때문에 서로 눈치만 보고 자기네 부서 일이 바쁘다는 이유로 한 발 뒤로 물러서는 입장이었다.

결국 위의 모든 지원업무들이 계측기기 개발실인 우리 부서 업무로 추가되었다. 위의 일들은 새로 시작하는 일이나 증설해야 하는 일도 있었다. 그런데 시험통제 광통신망은 시험 진행에 필수 시설이므로 잘못되면 시험 진행에 큰 차질을 주기 때문에 책임추궁이 항상 따를 수 있는 일이었다. 그리고 기상 관측망이나 경계망도 마찬가지로 시험시설의 한 부분이기 때문에 시험 진행 여부를 결정짓는 경우에는 문제가 되는 경우가 종종 있었다.

이 중에서 시험통제 광통신망은 매 시험 때마다 사용하는 시험시설이므로 잘 운용이 되지 않으면 당장 시험업무에 지장을 주는, '뜨거운 감자'와도 같은 업무였다. 그런데 우리 부서에 시험통제 광통신망을 설치할 수 있는 전문가가 없었을 뿐 아니라 광통신망에 대한 개념도 부족한 실정이었다. 그래서 전문가의 도움이 절실히 필요해 이 분야에 오랫동안 종사한 전문 업체의 대표 한 분을 만나 우리의 요구사항을 설명하고 시스템 설계를 부탁하였다.

그 후 완성된 설계 내용을 검토하고 보완하여 시스템 발주와 시공 및 완공을 하는데 2년 동안 10억 원의 예산이 소요되었다. 다행히 완공된 시험통제 광통신망은 아무런 하자 없이 15년 이상 사용되었고 시험장 전 지역을 통제할 수 있는 시험통제 광통신망으로 사용되고 있다.

시험통제 광통신망은 연구소에 입소하여 수행한 일 중에서 가장 성공한 과제 중 하나가 되었다. 비록 우리 부서가 부여받은 고유의 일이 아니었지만 정말 보람되고 자랑할 만한 일이라고 생각한다.

다음은 시험현장 관측 및 시험장 외각과 내부의 주요시설 경계망인 CCTV망도 시험통제 광통신망과 비슷한 방법으로 과제를 수행하였다. 소요 예산은 6억 원이었으며 시험장 목적에 부합하는 시스템이라고 평가를 받았다. 그런데 이 시스템은 카메라 장비들이 야외에 설치되는 관계로 낙뢰에 노출되어 간혹 파손되는 단점이 있었다.

마지막으로 시험장 기상관측망인데 기상관측망은 지면기상과 2km 이하인 저공기상시스템 및 4km까지 관측이 가능한 고공 기상 시스템으로 분리되어 있었다. 시험장 기상자료는 시험자료 중 기후에 영향을 받는 시험항목의 경우 시험자료 보정을 위한 목적으로 기상자료 획득은 중요한 시험계측의 한 부분이 되었다.

그런데 기상자료 중에서 지면기상 자료는 참고자료로 사용되고 저공 과 고공의 기상자료는 시험자료 보정이나 시험 진행 여부를 결정 짓는 중요한 자료로 활용하는 경우가 대부분이다.

기상자료 획득시스템은 전 세계적으로 널리 활용되고 있는 장비들을 도입하여 구성하였기 때문에 큰 문제없이 사업 수행을 성공적으로 마무리할 수 있었다.

기상자료 획득시스템 운용과 검토 및 연구를 하다 보니 연구소 내에서도 기상자료 획득 전문부서로 인정받게 되었고 외부기관에서 문의가 오면 우리 부서가 담당을 한 적도 있었다. 이것이 계기가 되어 기상청 장비도입심의회에 참석하는 경우도 있어 외부 관계자와 교류하는 기회가 되었다.

자신에게 부여되는 고유의 일 외에 다른 일을 수행하다 보니 조금 힘들고 바쁘기는 하였지만 많은 것을 배우고 또 우리에게 도움을 줄 수 있는 사람을 만날 수 있었다. 무엇보다 다른 사람들이 담당하기 싫어하는 일을 성공적으로 수행하였을 때 느끼는 보람은 자기발전에 큰 도움이 되었다고 생각한다. 일을 하다 보면 부수적인 일들이 있거나 찾을 수 있다. 그 일들은 절대 피할 대상이 아니다.

- 남들이 피하는 일도 마음먹기에 따라 보람된 일로 만들 수 있다.
- 일은 피하지 말고 찾아서 하라.
- 한 발 앞서가는 업무수행을 하라.
- 실패는 성공률을 높인다.

능력은
책임감에서 온다

천연화장품 '더 바디샵'의 창립자인 애니타 로딕은 자신의 사업만큼 환경을 생각하는 사람이었다. 전 세계에 약 1,800여 개의 매장을 가지고 있는 회사지만 그녀는 자신의 이익보다도 사회적으로 유익한 일들에 관심을 가지고 지원해왔다.

실제로 2007년 세상을 떠나기 전까지만 해도 '그린피스의 영국 북해 독성 폐기물 처리 중단, 향유고래 포획 반대 캠페인, 루마니아 고아원 설립지원'과 같이 사회적 문제 해결을 위해 노력했던 그녀는 사회적 공헌을 하면서도 '가장 영향력 있는 여성 기업가' 순위에서 1위에 오를 정도로 인정받는 기업가였다.

그녀가 이런 사회적 활동에 많은 관심을 보인 것은 누구나 자신의 일에 책임을 져야 한다는 생각 때문이었는데 마찬가지로 직원들에게도 좋은 작업환경과 많은 보수를 보장 해주려는 노력보다는, 하고 있는 일에 대한 사명감을 심어주기 위해 더 노력하였다. 그녀는 회사를 알리기 위해 광고를 하지는 않았지만, 매장에 비치된 TV를 통해 온종일 환경보호 메시지를 담은 홍보물을 틀었다고 한다.

　기업과는 전혀 관계없는 내용이지만 이런 것들을 통해서 직원들은 자신이 일하는 것이 세상에 어떤 도움을 주는지를 알 수 있었고 더욱 큰 애사심을 갖게 되었다. 그녀는 공장을 세울 때도 가장 좋은 조건의 부지보다는 실업률이 높은 지역을 우선적으로 고려했는데 그것은 실업률도 해결할 수도 있고 실직해 있는 사람들에게 일의 소중함을 알게 해줄 수도 있기 때문이었다.

　'더 바디샵'은 이윤 창출을 위한 경영이 아닌, 자신의 일에 대한 책임감을 갖게 해주기 위한 노력으로 성공한 회사이다.

　지금 하고 있는 일이 단순히 생계를 위한 수단이 아니라 남들에게도 도움을 주고 쓰임을 받는 귀한 일로 변하게 해야 한다.

　애니타 로딕 사장은 하나님께 "이 땅에서의 맡은 일에 더욱 즐거이 헌신하게 하소서. 나의 일을 통해 어떤 사람들이 유익을 얻을지 생각해주십시오"라고 기도하였다 한다.

　나는 1979년 초에 솔레노이드 코일센서를 이용한 포구 속도 측정시스템을 국산화하는 연구를 진행하고 있었다. 센서와 자화기 및 측정장비를 국산화하기 위해 본격적으로 실용화 연구를 하는 단계였다.

　직사화기의 경우는 센서 거치대의 높이가 낮아 쉽게 센서를 거치할 수 있지만 박격포의 경우 고각 사격을 하기 때문에 거치대의 높이가 10m가량 높아야 했다. 그러므로 이러한 고각 사격이 가능하도록 철탑구조물을 설치해야 하고, 포나 탄약을 시험할 때 포구에서 발생하는 강한 충격과 진동에 견딜 수 있도록 센서의 설치가 필요하였다.

　그 당시 연구소에 입사한 지 불과 몇 년 되지 않아 신입 소원이나 마찬가지였기에 선임자에게 10m 높이의 철탑이 필요하니 예산을 확보하여 진행하여야 한다고 보고를 하였다. 우리가 필요로 하는 철탑을 설치하는데 500만 원 정도 예산이 소요되었다. 소요예산은 그 당시 내 월급의 40배에 해당하는 금액이었다. 35년이 지난 요즘의 금액으로 계산하면 적어도 2억 원이 넘는 금액이 될 것으로 추산된다.

나의 보고를 받은 선임자는 자신은 그 일을 못 하니 나 혼자 알아서 하라고 했다. 그 이유는 괜히 그 일을 했다가 실패하면 자신의 목이 달아날 수 있기 때문이라고…. 잘 알지도 못하면서 그 일을 진행하지 말라는 충고까지 해 주었다. 그렇지만 박격포의 추진제나 탄 시험 시 포구 속도를 정확하게 계측하기 위해서는 꼭 필요한 시설이었다.

1970년대는 도플러레이더를 이용한 포구 속도 측정시스템의 측정정확도가 다소 낮았고 측정의 범위 제한 및 박격포탄의 비행경로가 선형이 아닌 경우가 종종 발생하였다. 이러한 조건 때문에 도플러레이더 장비를 박격포탄 성능평가에 사용한다는 것은 다소 어려움이 있었다. 그러므로 솔레노이드 코일센서를 이용한 포구 속도 측정시스템은 박격포탄과 추진제 개발시험을 위해 필수적인 측정시스템이라고 판단을 하였다. 그래서 선임자의 만류가 있었지만, 책임 한번 지겠다는 각오로 그 일을 추진하였다. 먼저 10m 철탑의 기계적 구조설계와, 센서가 거치 되는 내부 프레임 설계가 이 과제의 성패를 좌우하였다. 그래서 10m 철탑의 기계적 구조설계는 기계설계를 전공한 직원에게 부탁을 하였고 내부 프레임 설계는 내가 직접 맡기로 하였다.

내부 프레임은 자화된 탄이 강자성체로부터 영향을 받지 않도록 하고 사격 시 비산하는 철 클립으로부터 센서를 보호하는 일과 충격과 진동에 견딜 수 있는 프레임을 만들어야 했다. 이러한 모든 문제를 고려하여 코일센서가 부착되는 부분은 베크라이트 재료와 자성 성분이 거의 없는 특수 알루미늄 재료를 선정하여 설계를 완료하였다.

　모든 설계와 제작이 완성되고 첫 성능시험을 위한 사격을 하였다. 그런데 첫 번째 사격 시험 때 코일 프레임 구조물이 궤도를 벗어나 분리되고 말았다. 정말 아찔한 순간이었다. 철탑과 코일센서를 연결하는 부분에 문제가 발생한 것이다.

　이 부분을 보완하고 정비를 하는데 1개월 정도 소요되었지만 2차 사격 시험부터는 솔레노이드 코일센서 거치용 철탑이 성공적으로 제 기능을 발휘하였다. 그때부터 모든 박격포 관련 시험은 새로 만든 10m 철탑시스템을 이용하여 진행되었다. 10m 철탑시스템은 아마 1980년 초부터 1999년 후반까지 사용된 것으로 알고 있다. 본 시스템이 완공됨에 따라 안정되고 정확한 포구 속도 측정이 가능하였다고 본다.

　물론 선임자의 만류는 이해가 되었지만, 항상 내가 맡은 일에 책임감과 사명감으로 모든 일을 진행하였기 때문에 맡겨진 일이 내게 용기와 자신감을 주게 된 것이다.

- 실패를 두려워 말라.
- 책임감과 사명감은 용기와 능력을 준다.
- 자신의 삶이 이웃이나 회사에 유익이 되게 하라.
- 자신의 일에 책임을 지는 자가 되어야 한다.

약속을
어기지 말라

약속은 반드시 지켜야 할 도리와 의무가 있다고 생각한다.

어떤 약속이든 그 약속 안에 지켜야 할 것들이 들어있다. 예를 들면 약속시간, 약속장소, 약속한 사람, 그리고 약속을 한 이유 등이다.

어떤 이들과 약속을 하면 "도대체 제 시간에 올 것인 가?"라며 탄식을 하는 이가 많다. 자신과의 약속이라면 스스로에게 미안하면 되지만 다른 사람과의 약속은 꼭 지켜야 한다.

나폴레옹은 이런 말을 했다고 한다.

"우리는 약속을 절대 가볍게 보지 않는다. 약속이란 스스로를 옭아매는 오류로 변질될 수 있기 때문이다"

약속이란, 하기는 쉬워도 거절하기는 힘든 법이다. 거절은 상대방을 유쾌하게 하는 선택이 아니라 살을 에는 듯 찬바람이 두꺼운 외투를 뚫고 들어오는 음산한 밤에 마시는 독한 술과 같다고 한다.

약속에 관한 세계적인 속담 중에서 몇 가지를 소개하면 다음과 같다.

- 약속은 늦게, 실행은 빠르게!

- 약속을 잘하는 사람은 잊기 쉬운 사람이다.

- 남아일언 중천금

- 장부일언 천년불개

- 용기 있는 사람은 모두가 약속을 지키는 사람이다.

- 약속을 쉽게 하지 않는 사람은 그 실행은 가장 충실하다.

- 인간은 행동을 약속할 수 있어도 감정은 약속할 수 없다.

- 약속이 정의에 가까우면 그 말은 실행할 수가 있다.

- 자기가 입에 올린 말이면, 그 말에 충실하고 믿음이 있어야 한다. 열성과 진실로
  써 약속한 일을 행동에 옮겨야 한다.

- 약속은 지키기 위해서 하는 것이다.

- 약속 중에서 가장 지키기 힘든 약속은 자신과의 약속이다.

1975년 10월 취업한 화신전자는 일본 쏘니 기술을 도입하여 세계시장에 TV나 전축 및 녹음기 등을 수출하면서 국내에도 쏘니 기술과 합작한 텔레비전과 녹음기 등을 시판하려고 진행 중에 있었다. 그 당시에도 오늘날과 같이 입사시험 경쟁이 치열하였다. 300명 이상이 지원하여 최종적으로 12명이 합격하였는데 지방대학 출신은 나 하나가 전부였다.

입사시험은 전공과목과 영어 및 상식에 관한 필기고사와 면접으로 최종합격자를 선정하였는데 면접시험 때 나에게 면접관 한 분이 '자네는 전공과목 성적이 우수하니 입사 후 회사에서 공부를 더 시켜 주겠다'고 말씀해 주셨다.

그 당시 대학을 졸업하면 대부분 취업을 하였고, 대학원은 꿈도 꾸지 못하는 시절이었다. 나 역시 대학원에 가고 싶어도 집안 형편상 그렇게 할 수가 없었던 터라 공부를 더 시켜주겠다는 제안은 무척 반가운 일이었다. 그런 제안 때문에 다른 입사 가능한 회사들을 포기하고 화신전자를 나의 최종 일터로 선정한 것이다.

그런데 직무 교육이 끝나고 처음 배치된 부서가 제품 개발실이 아닌 국내 판매용 TV 생산라인이었다. 너무나 실망하여 면접 시 참석한 제조 부장님께 부서 배치에 대한 사유를 물어보았다. 답변은 현재 회사가 주력하는 것이 제품 개발이 아니라 국내 판매용 TV 생산이기 때문이라고 했다. 그러나 나로서는 불만이었다. 개발실에 근무하면 내가 원하는 연구업무와 개발수당을 더 받을 수 있었으니까. 하지만 한번 결정된 배치를 변경할 수는 없었다. 개발부서 근무는 다음 기회로 미루고 열심히 일하였다. 입사 후 6개월이 지날 때쯤 나는 오디오 개발실로 재배치를 받아 그렇게도 원했던 개발실에서 녹음기 회로설계 업무부터 개발 관련 일을 시작하였다.

그렇지만 한 번 상한 마음은 기억 속에 잠재해 있었다. 1976년 졸업 당시는 아날로그 시대에서 디지털 시대로 기술이 확장 및 발전하는 시기였다. 그래서 디지털회로 설계분야를 공부하고 싶은 소망이 있었고 입사시험 때 약속이 지켜지지 않은 것에 대한 불만도 있었다.

1976년 말 ADD 신입소원 공채모집 공고를 보고 마음이 동요되었다. 여기에 지원해야겠다는 생각이 들었다. 원서를 내고 보름 정도 다시 입사시험 준비를 한 후 시험에 응시하여 1977년 2월 1일부로 직장을 처음 이직하게 되었다.

　지금까지 나의 직장생활은 화신전자에서 16개월, ADD에서 34년 근무하고 정년 후 재취업하여 4년 차 직장생활을 하고 있다. 나는 운이 좋게도 지금까지 해온 일과 유사한 연구개발이나 시험계측과 관련된 일을 하고 있다.

- 약속을 어기면 사람을 잃는다.
- 어떠한 잘못이나 고난도 전화위복이 될 수 있다.
- 약속은 지키기 위해 존재한다.

나는 자영업자

기업을 운영하는 사장에게 '봉급을 줄 수 있는 영업사원이 되라'는 말이 있다. 사장의 안목을 가져야 시장에서도 주도적인 제품을 만들어 시장을 견인하고 리드할 수 있다. 보너스와 성과급만이 전부가 아닌 것이다. 영업사원인 당신에게 보내는 대표이사의 신뢰가 오히려 더 클 것이다. 어떤 거래처나 일을 맡겨도 안심이 되는 영업사원이 한 회사에 몇 명이나 있을까?

그중에 대표이사의 마음가짐을 가지고 있는 영업사원이 한두 명만 있더라도 그 회사는 발전할 수밖에 없다. 매출이나 손익 및 비전 등 그 모든 것들을 실적으로 일궈내는 영업사원이야말로 보배 중의 보배이며 대표 영업사원인 것이다.

당신의 꿈은 무엇인가? 혹시 그 꿈이 직원들의 동참이 있어야만 이룰 수 있는 것인가? 그렇다면 지금 당신도 현재 있는 위치에서 항상 사장처럼 행동해야 한다.

사장의 마음가짐이 없는 사람이 대표이사가 되었을 때, 수많은 시행착오와 금전 및 시간상의 손해를 보게 된다. 이를 미리 막을 수 있는 시간은 지금이다. 봉급을 받으면서 사장 수업을 할 수 있는 지금이 얼마나 소중하고 감사한 시간인가!

가슴을 펴고, 깊이 통찰하며, 언제나 웃을 수 있도록 입가의 근육을 단련시키고, 회사를 나설 때나 판매기획을 할 때나 항상 내가 회사를 대표하는 '대표이사 영업사원'임을 명심하라.

직장은 봉급을 받는 자와 봉급을 주는 자로 구분된다.

「육일약국 갑시다」라는 책 속에 자영업자라는 용어가 나온다. 누구나 들어본 단어일 것이다. 그렇지만 자영업자의 심정을 봉급생활자는 잘 모른다. 이번 달 봉급을 주고 다음 달 봉급을 주기 위해 얼마나 노심초사하고 노력하는지는 자영업자만이 이해할 수 있다.

책에서 봉급생활자는 봉급날만을 기다린다고 기술되어 있다. 아마 그럴 것이다. 봉급날이 가까워지면 통장의 잔고가 바닥나기 때문일지 모른다. 그러나 자영업자는 봉급을 주기 위해 전쟁을 치른다.

나는 지금까지 직장생활을 40년 가까이 하고 있지만 돈을 벌기 위해서 직장 다닌다는 생각은 한 번도 해보지 않았다. 직장에 가면 내가 좋아하는 일이 있고 나에게 주어진 일을 성공적으로 처리하는 성취감에 직장을 다녔다고 감히 말하고 싶다. 그러다 보니 오늘은 봉급 날이구나 하는 정도는 알 때가 있지만 봉급을 손꼽아 기다려 본 적은 한 번도 없었다.

어찌보면 나는 봉급을 받는 자였지만 봉급을 주는 자영업자 마음으로 살아온 것 같다. 내가 맡은 부서는 총포와 탄약의 성능을 평가하는 데 활용되는 시험자료를 생산하는 부서여서 나에게는 더욱 바른 잣대가 필요했다. 내가 어느 한쪽으로 기울면 국가나 방위산업체가 손해를 보기 때문에 내가 올바르지 않으면 그 자리를 지킬 자격이 없다고 생각했다. 그래서 항상 나의 입장보다는 남을 먼저 생각해야 했다. 그러다 보니 외국에서 값비싸게 도입되는 계측장비가 있으면 마음이 항상 불편하였다.

내가 연구개발에 관심이 많은 이유도 자영업자 마음에서 출발한 것이다. 직장인들 대부분은 예산이나 물자절약에 큰 관심이 없는 경우를 많이 본다. 물론 예산절약을 하고 싶다고 언제나 가능한 것은 아니다. 외국에서 들어오는 정밀측정기에 대한 예산을 절약하려면 그 장비를 대체할 만한 국산장비를 개발할 능력이 있어야 한다.

그렇다고 나에게 외국기술을 능가할 만한 특별한 기술이나 재능이 있다고 말할 수 없다. 단지 국산화를 시켜 예산절감을 해야지 하는 마음은 항상 있었다. 뜻이 있는 곳에 길이 있다고 말하지 않는가! 그렇기에 '뜻이 먼저'라고 말하고 싶다.

가정이나 직장에서 전기, 수도 및 일반 생활용품 등 많은 소비재 물자를 사용하게 된다. 만약 가정에서라면 전기세나 수도세가 많이 나올까봐 절약을 하는 경우가 대부분일 것이다. 그렇지만 회사에 와서도 그런 마음을 품을 수 있다면 그 사람은 자영업자의 마음을 가진 사람이라고 본다.

무기체계를 시험평가 하다 보면 시험시설이나 측정시스템이 외국으로부터 도입되는 것이 대부분이다. 내가 입소할 때는 시험평가단이라는 시험평가 조직이 신설되었는데, 모든 측정시스템을 외국에서 전량 구매하여 사용하였다. 그런데 계측용 센서 중 솔레노이드 코일센서는 소모량이 많고 고가라서 연간 2억 원 이상 예산이 소요되었다. 그래서 솔레노이드 코일센서부터 운용이 간편하고 생산 가격이 구매가격의 1/50수준이 되도록 국산 센서를 개발하게 되었다. 그리고 총이나 화포의 경우 주퇴복좌기의 운동계측은 필수 계측항목으로 되어 있었다. 그런데 무기체계의 개발은 개발계획이 수립되어 진행되었지만 계측기법은 시험부서에서 알아서 장비를 구매하여 준비해야 했다.

그 당시 ○○시험장의 경우 주퇴복좌기의 성능을 분석하기 위한 측정시스템이 없었다. 궁여지책으로 고속카메라를 동원하여 주퇴복좌기의 운동을 측정하고 있었다. 가만히 살펴보니 계측의 정확도 문제와 시험평가 비용이 탄약 한 발당 50만 원 정도가 소요되었다.

이것은 국가적으로 엄청난 예산 낭비라고 생각을 하였다.

그 후 LVDT 센서를 이용한 주퇴복좌기 운동측정시스템을 개발하고 실용화시켰으며 개발된 계측시스템은 정확도가 높고 시험비용이 거의 들지 않을 뿐 아니라 사용이 간편한 장점을 가지고 있어 지금도 연구소와 방위산업체에서 사용되고 있다.

나는 지금까지 봉급을 받는 자였지만 자영업자의 마음으로 살았다고 감히 말할 수 있다.

- 자영업자 마음으로 근무하는 자는 성공할 가능성이 높다.
- 사장에게 봉급을 주는 자는 사장이 될 수 있다.
- 뜻이 있는 곳에 길이 있다.

한 우물을 파라

사과 하나로 세계를 움직이는 큰 농부 '기무라 아키노리'로부터 배우는, 위대한 삶의 원칙과 100년을 내다보는 지혜를 알아본다.

썩지 않는 사과를 만든 사람, 상식과 불가능을 뒤엎고 전 세계인을 열광케 한 기막힌 사과의 전설을 만든 농부가 40년간 지켜온 원칙과 소신은 무엇일가? 한 가지 일에 매달려 눈부신 성공을 이룬 사과의 명장이자 인생의 대가, 기무라 아키노리 씨의 자연과 인간에 관한 가슴 벅찬 통찰! 그는 "벼에 낟알을 맺게 하는 것은 벼이고, 사과나무에 사과가 열리게 하는 것은 사과나무이다. 인간은 그저 자연의 심부름을 할 뿐"이라고 말한다.

기무라 아키노리(木村秋則) 씨는 1949년 일본 아오모리 현 이와키마치 출생이다. 화학 반응식을 좋아하고, 오토바이와 엔진을 연구해 원리를 알고자 했던 호기심 많은 소년은 고등학교를 졸업하고 1년 반의 샐러리맨 경험이 전부였던 평범한 청년 시절을 보냈지만, 스물아홉의 나이에 무농약, 무비료 사과 재배에 도전한 후 매년 실패하게 된다. 매일 가지가 휘도록 매달려서 해충과 벌레를 잡고 한여름에 죽어가는

800그루의 사과나무와 고군분투하는 시련을 겪었다.

또 극심한 생활고로 트럭 운전, 상자 줍기, 부두 하역 작업, 공사장 일 등 안 해본 것이 없는 밑바닥 생활을 전전, 견디다 못해 죽으려고까지 했지만 포기하지 않고 사과나무를 돌본 끝에 10년 만에 성공하여 썩지 않는 기적의 사과를 개발하였다.

30년이 지난 2006년 12월 NHK의 일의 달인을 통해 세상에 알려져, 판매 3분 만에 매진되는 사과, 1년 전에 예약이 마감되는 기적의 사과를 재배한 주인공으로 돌풍을 일으키며, 일본 서점가의 베스트셀러 저자이며 TV 도쿄 〈세계를 움직인 100명의 일본인〉으로 선정되었다.

그는 현재 한 해 수만 명이 방문하는 사과밭을 돌보며, 일본 열도에서 아프리카 오지까지 연 100회 이상의 강연을 통해 30년간 지켜온 자신의 재배법과 환경의 중요성을 알리는 일에 몰두하고 있다.

최근 그의 오랜 꿈인 청소년을 위한 농업학교가 최근 인가되어 설립 추진 중이라는 기사를 보았다.

우리는 보고 배울 것은 배워야 한다.

나는 연구소에 입소한 이후 34년간 계속해서 같은 부서에서 일을 하였다. 물론 다른 부서로 전보 요청을 하였지만 뜻을 이루지 못하기도 했었다. 어찌 되었건 34년 동안 계측기법 연구와 계측장비 개발 및 계측업무 한 가지 일을 수행한 것이다.

한 우물을 파라는 속담은 무슨 일이든 한 가지 일을 꾸준히 계속하다 보면 성공할 수 있는 가능성이 높다는 의미이다. 사전적 의미는 일을 너무 많이 벌려 놓거나, 하던 일을 자주 바꾸면 아무런 성과가 없으니 어떠한 일이든지 한 가지 일을 끝까지 하라는 뜻이다.

우리는 한 가지 일만 잘해도 인정받을 수 있는 시대에 살고 있다. 몇 십 년 전만 하더라도 공부 잘하는 사람들만 최고로 인정받고 다른 재능들은 천대 받기 일쑤였다. 그러나 지금은 운동이나 영어만 잘해도, 심지어 자전거만 잘 타도 크게 성공할 수 있는 시대가 되었다.

영국 청년 대니매커스킬 씨는 4살 때부터 자전거를 타기 시작했다. 걷는 것보다 자전거를 더 많이 타며 자랐던 대니는 금세 자전거로 나무를 타거나, 철제 울타리 위를 달리는 등의 묘기를 아주 익숙하게 할 수 있게 되었다. 성인이 되어서도 동네에서 자전거 수리점을 하며 시간이 날 때마다 거리에서 자전거로 묘기를 부렸다.

이때 까지만 해도 그저 자전거 잘 타는 '동네 유명인'이었지만 그의 친구가 대니의 묘기 영상을 인터넷에 올리자 상황은 크게 달라졌다. 한 달도 안 되어 500만 건이 넘는 조회 수를 기록하며 순식간에 '자전거 명인'으로 유명세를 탄 대니에게 각종 CF와 영화, 방송 출연 등의 요청이 쇄도하기 시작한 것이다. 사이클의 전설 랜스 암스트롱마저 감탄하며 주변 사람들에게 '꼭 보라'는 말을 전했다고 한다.

자신이 좋아하고 잘하는 일을 할 때 가장 인정을 받을 수 있다.

본인이 즐거운 일을 하게 되면 동기 부여가 잘 되기 때문에 중간에 그만두지 않고 지속적으로 할 수 있다. 그리고 지속적으로 하면 당연히 그 일을 잘하게 된다.

나는 연구소에 근무하는 동안 계측기법 연구나 계측시스템을 개발하는 계측 관련 일을 30년 이상 하였는데 계측기법은 다양하여 여러 가지의 계측기법들을 연구할 수 있었다.

예를 들면 솔레노이드 코일을 이용한 포구 속도 측정시스템을 개발하였는데 이 시스템 속에는 센서 3종과 자화기 4종, 센서 거치용 프레임과 철탑, 신호 검출기 및 속도 계산기 등이 있다.

그리고 시간 측정용 센서와 신호 송신기, 수신기, 카운터크로노그래프, LVDT시스템, 시험통제 광통신망 및 포구 속도 측정용 도플러레이더 등 다양한 측정 장비들을 연구하고 개발할 수 있는 기회가 주어졌다.

계측기법 연구와 개발에 이어 측정 자료의 정확도와 신뢰도를 평가하는 방법이나 개발 및 시험평가 프로세스를 시험평가업무에 적용하는 경험들은 정년을 한 나에게 귀중한 자산이 되어 정년 후 현재 업무를 수행하는 데 많은 도움이 되고 있다.

즉 한 우물을 파다보니 그 분야에서 그래도 전문가라는 소리도 듣고 있으며 정년 후에도 연구소에서 경험한 일들을 활용하고 있다.

사실 연구소에서 나는 주어진 일에 최선을 다하였다. 그리고 나에게 주어진 모든 일이 성공적으로 처리 되는 것에 기쁨과 감사로 만족하며 34년이란 긴 세월을 하루 같이 지내온 것이다.

- 무슨 일이든 한 가지 일을 꾸준히 계속하는 것이 성공의 비결이다.
- 한 가지만 잘해도 인정받을 수 있다.
- 한 가지라도 잘 할 수 있는 것을 찾아야 한다.

인맥을 만들어라

재취업한 회사는 대기업이 아닌 조그만 중소기업으로, 내가 34년 동안 일한 계측 분야와 조금이나마 관련이 있는 회사를 선택하였다. 아마도 내가 선택한 것이 아니라 하나님께서 정해준 회사라 생각이 든다.

정년을 하기 10년 전 우연히 대전 유성호텔에서 국내 계측기기 유지보수 관련 중소기업 단체의 Workshop에 초대되어 측정불확도 강의를 3시간 동안 한 적이 있었다. 그때 만났던 한 분이 지금 근무하고 있는 코리아인스트루먼트(주)의 최병란 회장님이다. Workshop에서의 만남이 인연이 되어 지금의 회사에서 일하게 된 동기가 된 셈이다.

처음에는 정년 후 다른 일을 해볼 생각을 하고 있었다. 그래서 새로운 직장을 달라고 기도를 하지 않았다. 정년 휴가 3개월 중 마지막 한 달을 남기고 지금 다니는 회사의 회장님으로부터 전화가 왔다. 전화의 내용은 같이 일하지 않겠느냐는 것이었다. 물론 대학교 겸임교수 등 다른 일자리가 몇 개 있었지만 결국, 현재의 회사로 결정하게 되었다. 이 결정은 내가 한 것이라 생각하지 않는다.

현재 일하고 있는 회사는 사업을 시작한 지 40년이 되었고 국가공인 교정기관으로 계측기의 교정업무를 주로 하는 회사이다. 연간 매출은 적었지만, 그것이 근무지를 선택하는 데 문제가 되지는 않았다. 입사 후 알게 된 것은 우선 매출을 올려 기업 재무구조를 개선해야 한다는 것이었다. 그래서 한 번도 해보지 않은 영업을 자청하여 해보기로 하였다. 나는 항상 회사가 정말 필요로 하는 일을 해야 한다고 생각하고 있다.

만약 ADD에서 일하는 동안 돈을 벌기 위해 일을 하였다면 어떻게 되었을까? 연구소는 돈이 아니라 연구소가 필요로 하는 연구를 해야 한다. 같은 원리로 기업은 흑자 경영이 안 되면 망하는 것이다. 그래서 처음 해보는 일이지만 영업을 해보아야겠다는 생각이 들었던 것이다. 그리고 부설 연구소도 만들어 계측기기 연구개발 업무도 병행하였다. 첫해는 나의 영업실적이 3천만 원을 조금 넘었다. 그리고 2년 차에는 첫해의 4배, 3년 차에는 10배로 신장 되었다.

처음 해보는 시장개발을 어떻게 잘 할 수 있었을까? 생각해 보면 연구소에서 맺은 인맥과 새로 맺은 인맥을 잘 활용한 덕분인 것 같다. 그런데 연구소에서 34년을 근무한 인맥은 국방 분야를 제외하면 사실 인맥이 별로 없었다. 인맥이 없다면 인맥을 새로이 만드는 것이 성공의 열쇠이다. 하다못해 친구도 처음부터 만들어 지는 것은 아니지 않나!

나는 필요하면 만들어야 한다는 생각을 갖고 있었다. 그래서 시장개발을 위해 본부장 제도를 만들었다. 본부장의 역할은 다른 회사를 소개해 주는 일이다. 이것은 내가 쉽게 영업을 할 수 없는 분야를 다른 사람들이 나를 대신하여 일을 해주는 것이다.

때로는 고객을 내 사람으로 만들고, 잘 모르는 사람도 친구로 만들고, 또 나를 도울 수 있는 사람을 많이 만드는 것이 시장개발의 주요 전략이었다. 한 번 시장개발에 성공하면 제1공장에서 제2공장으로, 또는 협력업체도 시장개발의 대상이 되었다. 때로는 음식점에서 만난 사람도 고객이 되는 경우도 있었다. 즉 장소와 시간에 관계없이 만나는 모든 사람이 자신의 고객이라고 보면 된다.

물론 영업용 카탈로그도 새롭게 만들었고 제약회사와 같이 특수 분야의 경우는 별도 홍보 자료도 만들었다. 그리고 2012년 3월부터 한국 산업기술시험원에서 측정불확도 강의를 맡게 되었는데 수강을 받는 사람들은 각 기업의 교정 혹은 시험업무 담당자가 대부분이었다. 강의를 통하여 간접적으로 영업이 된 경우도 있었다. 그러니까 어떠한 일이라도 이루겠다는 목표와 의지만 있으면 생소한 분야도 시장개발이 가능하다는 것을 알게 되었다.

3년이 지난 현재 내가 몸담고 있는 회사의 전체 매출은 내가 입사할 때보다 3배 이상 늘었으며 종업원도 34명에서 70명 이상으로 성장해 가는 회사로 변모하고 있다.

모든 것이 운이 좋았다고 생각한다. 나는 입사 후 하루도 빠짐없이 가정과 직장과 동료, 그리고 이웃을 위해 기도하고 있다. 비록 내가 기여하는 분량은 적지만 기도의 영향은 측량할 수 없다고 믿는다.

- 나에게 꼭 필요한 사람이면 친구로 만들어라.
- 목표와 의지는 새로운 시장개발을 가능하게 만든다.
- 모든 생각은 기도로 작용한다.
- 시장개발의 대상을 넓혀라.

▶ 고객과 손님 : 고객은 영업을 하는 사람에게 대상자로 찾아오는 사람으로. 단골 손님 또는 화객을 의미하고 손님은 "손"의 높임말로 '다른 곳에서 찾아온 사람'이라는 의미이다.

깊게 보고 반복하라

인간은 어쩌면 반복되는 일에 지겹고 싫증을 느끼도록 만들어졌는지도 모른다. 단순 노동이 그 예가 될 수 있다. 그런데 한 번의 경험으로 얻는 것은 너무 적다는 것이 문제이다. 만약 한 번에 모든 것을 다 얻을 수 있다면 인내와 노력은 효용 가치가 없을 것이다.

나는 4년간 대학에서 겸임교수로 강의한 경험이 있다. 강의하는 횟수가 늘어나면 그 횟수에 비례하여 강의를 준비하는 것이 좀 쉬운 것은 사실이다. 그렇지만 첫 번째 강의를 준비하면서 책을 세 번 읽고 강의를 하였다면 다음번에는 두 번 그 다음에는 한 번 이런 식으로 강의 준비를 해도 된다는 뜻은 아니다. 나의 경우는 첫해에 강의한 내용에 더 내용을 보강하여 보다 깊은 강의 내용을 준비하였다. 책이란 읽으면 읽을수록 그 전에 보지 못했던 것들을 볼 수 있게 된다. 나는 대학이나 전문교육기관에서 동일한 과목을 반복해 강의하고 있는데 몇 년 동안 한 번도 똑같은 내용을 강의한 적은 없었다. 같은 내용이라도 반복해서 읽으면 그때 마다 새로운 내용이 생각나기 때문이다.

직장생활을 하는 동안 몇 권의 책을 저술하였는데 전공 관련 분야 4권을 포함하여 총 6권의 책이다.

2014년 2월에는 「작은 물줄기」라는 책을 출간하였는데 그 책 속에 모든 사물을 '깊게 보라'는 소제목이 있다. 같은 내용이라도 반복해서 읽으면 남들이 보지 못하는 것을 볼 수 있고 읽은 내용을 오랫동안 기억할 수 있도록 하기 때문이다. 한 번 책을 읽고 시험을 본 학생과 2번, 혹은 3번을 읽고 시험을 본 학생의 성적은 판이하게 다르다. 그래서 나는 새 학기가 될 때마다 학생들에게 깊게 보라는 공부법을 먼저 알려 주었다.

연구라는 단어를 생각해 보면 한 번 생각하는 것도 연구이겠지만 어려운 문제를 해결하기 위해서는 생각하고 또 생각하여 정말 누구나 쉽게 얻을 수 없는 것을 얻었을 때 '연구'라는 말이 더 잘 어울릴 것이다.

특히 학생들은 반복해서 전문서적을 읽도록 일러주면 처음에는 실천하는 학생이 그렇게 많지 않다. 그러다가 중간고사가 끝나고 다시 한 번 확인하면 그 이야기를 실천하지 못한 것에 반성하는 학생도 있고 처음부터 실천하거나, 따르지 않는 학생도 있었다. 그런데 기말시험을 치르고 시험 성적 결과를 보면 점수가 올라가는 학생이 많아지고 있다는 것이 고무적이었다. 또 낙제점을 받았거나 특정 과목에 자신감이 없는 학생도 있었는데 "깊게 보라"는 공부 방법을 실천하여 우수한 성적을 받은 학생도 많았다.

이와 같이 깊게 그리고 반복하면 남들이 보지 못하는 것을 볼 수 있다. 가정에서 남편이나 아내를 깊게 보면 상대의 요구나 필요를 찾아 낼 수 있다. 그렇게 필요를 채워주면 금실 좋은 부부가 될 수 있게 된 다. 요즘은 기혼 부부 1/3은 이혼을 한다는 말이 있다. 그래서 '돌싱' 이라는 신조어도 생겨났다. 그러나 '돌아온 Single'을 경험하면 엄청난 충격과 고난의 쓴잔을 맛보게 될 것이다. 이 경우, 만약 서로를 깊게 보았다면 이혼은 일어나지 않았을 것이다.

어떠한 문제라도 여러 번 반복하여 생각하면 서로를 이해할 수 있고 창조적이며 새로운 그 무엇을 얻게 해 줄 것이다.

책이나 어떤 문제를 깊게 보면 학생은 공부를 더 잘할 수 있게 되고 직장인은 남들과 다른 실적을 내거나 상사로부터 인정을 받게 될 것 이다. 사업하는 분은 직원관리에 성공하게 되고, 해결하지 못하고 있 는 것에 대한 실마리를 잡을 수 있게 해 줄 것이다.

- 긍정적인 일은 반복 횟수를 늘리고 부정적인 일은 줄여라.
- 깊게 보면 해답을 얻을 수 있다.

이웃이
나의 능력이다

우리가 이웃이라고 말하는 것은 서로 가까이 인접하여 사는 집. 또는 그곳에 사는 사람을 포함한다. 그런데 현대인들은 이웃으로 살면서 그 이웃이 누구인지도 모르고 살아가는 경우가 대부분이다. 즉 자기중심으로 살아가고 있는 것이다. 이웃과의 협력이 잘 이루어지기가 힘든 세상이다.

한 개인이 아닌 직장에서 자기중심으로만 살기는 쉽지 않다. 그래서 아웃소싱이라는 단어가 생겨났다. 아웃소싱(Outsourcing)은 외부조달 체계란 의미이다. 회사 내 경쟁력이 없는 특정 업무나 기능을 외부 전문업체 또는 전문가에게 위탁하는 것을 말한다. 외주가공, 발주, 디자인 외주, 등 그 업무를 타 회사 및 외부인에게 의뢰하는 것을 말한다.

보통 상호 복합적이고 의존적이며, 장기적인 파트너 관계를 형성해 하나의 통합시스템으로 운영될 뿐 아니라, 비용절감 보다는 기업의 성장과 경쟁력과 핵심역량 강화를 위한 대안으로 운영된다는 점에서 임시적이나, 단기적이고 반복적인 컨설팅, 외주 및 하청 등과는 많은 차이가 있다.

내가 맡은 부서는 계측기법연구와 계측기기의 관리업무도 같이 수행하는 부서였다. 관리는 단순히 보관 차원이 아니라 고장이 난 장비의 정비와 교정업무도 포함되어 있었다. 특히 교정은 측정 자료의 정확도와 직결되는 문제이기 때문에 일정 주기로 수행되지 않으면 안 된다.

1980년대는 교정기기를 구매하여 자체 교정업무를 수행하기도 하였지만 얼마 지나지 않아 국가로부터 자율교정기관으로 인정받아 운영하였으며 필요한 교정기법들을 개발하여 교정능력을 확보하기도 하였다. 우리가 연구소 최초로 국가교정기관으로 인정을 받아 운용한 이유는 우리가 제공하는 시험성적서의 공인성이 확보되어야 하기 때문이었다. 이렇게 하는 것이 국가공인시험장으로 성장하기 위한 준비 과정 중 하나가 될 것이다.

그러던 중 1990년 중반, KH-179 포 개발이 진행됨에 따라 압전형 압력센서의 동압력[13] 교정이 요구되었다. 이 센서는 포신 내에서 추진제가 점화되어 포강 내 압력이 상승하여 포탄이 포구 밖으로 이탈될 때 포강 내의 압력 변화를 측정하기 위한 센서이다. 이 센서를 교정하기 위해 외국에서 구매한 교정 장비가 하나 있었는데 그 장비로는 우리가 원하는 교정범위를 만족시킬 수가 없었다. 그리고 우리가 원하는 교정 장비를 외국으로부터 구매하려고 해도 요구 규격을 만족하는

---

13 동압력(動壓力 : dynamic pressure) : 동압력(q)은 유체의 운동을 막았을 때 생기는 압력으로 단위는 파스칼(pa, pascals)을 사용한다. 유체의 밀도를 ρ, 유체의 속도를 V라 하면 다음과 같이 나타낼 수 있다. 이때 ρ의 단위는 , V의 단위는 m/s이다. 한 가지 예를 들면 밀폐된 포신 내부에서 순간적으로 추진제가 점화되었을 때 상승하는 압력을 동압력이 된다.

장비가 없어 구매가 불가능할 것으로 판단되어 자체 개발을 하기로 결정 하였다.

그 당시 우리 부서의 연구 인력으로는 수만 psi[14] 이상 되는 높은 압력분야에 대한 경험이나 지식 또한 확보되지 않아 고 압력분야는 생소하였다. 그래서 국가표준 연구기관인 표준과학연구원을 방문하여 이 문제를 논의하고 산학연 공동 과제로 반영하여 우리가 원하는 동압력 교정기를 개발 및 실용화하는데 3년이란 기간이 소요되었다.

이 교정기가 개발됨에 따라 우리나라의 장사정포 및 탄약개발에 전적으로 활용될 수 있었다. 만약 이 교정기가 개발되지 않았다면 동압력 교정이 아닌 정압력으로 교정된 센서를 사용할 수밖에 없었다.

동압력이라는 뜻은 추진제가 포강 내에서 불이 붙어 압력이 발생할 때와 유사한 압력신호 파형을 만들어 압전형 센서에 입력시켜 교정하는 것을 말하는데 이 동압력을 압전형 센서에 가하여 압력 대 출력 전압으로 변환된 교정특성을 이용해야 보다 정확한 포강 내 압력측정이 가능하였기 때문이다. 이 작은 센서의 교정특성에 따라 개발과 양산되는 포나 탄약의 성능평가가 달라질 수 있기 때문에 연구개발의 중요성 못지않게 측정기술의 수준도 중요하다고 본다.

또 다른 아웃소싱의 예는 ○○○로켓 사격통제기 개발과제를 들 수 있다. ○○○로켓 사격통제기는 헬기에 장착하여 운용되는 사격통제 시스템의 일부로 로켓탄의 특성을 점검하고 사격신호를 제어하기 위한 것으로 자체 기술진으로서는 많은 시간이 요구되었다. 따라서 이

---

14 psi(pounds per square inch) : 압력의 단위. 1평방 인치당의 파운드(중량). 1in=2.5400㎝, 1lb=453.592g.

분야의 업무를 잘 수행할 수 있는 외부 전자업체를 선정하여 ○○○ 로켓 사격통제기 개발을 성공적으로 완료해 ○○시험장과 ○○○시험장에 공급하여 관련 시험이 가능하도록 하였다.

이와 같이 자체적으로 부족한 기술이라도 외부기술을 활용하면 그것이 바로 우리의 기술이 될 수 있었다.

연구소 초창기 때에는 비밀 유지가 최우선 과제 중 하나였다. 그렇기 때문에 가능하면 아웃소싱보다는 자체적으로 해결하는 것이 많았다. 그러나 연구소 창설 40주년이 지난 지금은 핵심적인 비밀을 제외하고는 그런 부분들이 상당히 완화되었고, 운영효율을 극대화하기 위해 아웃소싱으로 처리되는 것이 많아졌다.

■ 외부 기술을 나의 기술로 활용할 수 있다.
■ 자기중심으로만 살지 말라.

▶ 압전기(piezoelectric) : 압전기란 어떤 종류의 결정판(結晶板)에 일정한 방향에서 압력을 가하면 판의 양면에 외력에 비례하는 양·음의 전하가 나타나는 현상.

작은 감동의
말을 하라

고객만족이나 고객감동 경영이 기업경영 목표의 핵심으로 떠오르는 이유에 대해서 알아보고 이런 경영전략 목표에 마케팅은 어떤 역할을 수행하는지 생각해 볼 수 있다.

소비자는 계속해서 진화하고 있다. 상품도, 서비스도 고객의 욕구에 따라 변화하는 것은 이제 당연한 시대적 전략이다. 즉, 특별함이나 차별화가 있어야 소비자의 마음을 움직일 수 있는 시대이다. 스토리텔링 같은 감성마케팅이 그 예라고 볼 수 있다. 스토리텔링은 '스토리(story) + 텔링(telling)'의 합성어로서 말 그대로 '이야기하다'라는 의미를 지닌다.

즉 상대방에게 알리고자 하는 바를 재미있고 생생한 이야기로 설득력 있게 전달하는 행위이다. 단순히 좋은 상품을 만들어 판매하고 서비스해 소비자만 만족시키는 것이 아니다. 느낌이 살아 숨 쉬는 제품으로 사람과 제품의 관계를 만족시켜야 한다.

미래는 기술과 감성의 융합이 필요한 시대다. 대부분의 고객은 기업이 생산한 제품의 질만을 기준으로 좋고 나쁨을 가린다. 그런 만큼 특정 브랜드만 가지고 고객들이 특별한 감정을 느끼게 하는 것은 매우 어렵다. 기술에 감성을 더하는 것은 고객의 마음을 사로잡을 수 있기 때문이다. 갈수록 복잡, 다양해지는 소비자의 수요를 따라가기도 쉽지 않은 기업이 고객에게 감동을 준다는 것은 말처럼 쉬운 일이 아니다.

그러나 많은 문제가 그렇듯 해답은 의외로 간단한 곳에 존재한다. 고객의 욕구와 아쉬움을 면밀히 파악해 진심으로 고객을 위한 제품과 서비스를 한 단계 높여 창출하는 것이다. 소비자는 자신의 작은 숨소리에 귀 기울여주고 진심으로 한발 더 다가서는 기업에 마음을 열어 줄 것이다.

고객감동 브랜드 지수는 이러한 사회변화에 대응하기 위해 고객감동의 중요성을 인식하고 브랜드 고객만족(CS : Consumer Satisfaction) 시스템의 질적 향상을 위한 브랜드 평가제도다. 이 제도는 전략적 관리 및 브랜드를 통한 기업 경쟁력 제고를 위해 개발되었다.

글로벌 경쟁에 나서고 있는 기업들은 사회와 소비자들에게 더 많은 것을 요구받는다. 단순히 영리를 추구하는 것을 넘어 고객에게 사랑받고 성장하기 위해 더 많은 서비스와 나눔이 있어야 한다는 것이다.
고객감동브랜드지수 1위를 차지한 기업의 면면은 기업들도 이미 이같은 필요를 느끼고 있다는 점을 잘 보여 준다.
내가 근무했던 연구소의 시험평가 업무도 고객감동이 요구되는 부서라고 생각한다. 고객의 감동은 못 줄망정 고객이 손해 보지 않도록 그리고 국가도 피해가 가지 않도록 공정하고 정확한 측정이 되고 평가결과가 나오도록 최선을 다해야 한다.

정년 후 취업한 직장도 고객감동이 절실히 요구되었다. 그래서 자료를 찾다가 "눈은 고객의 장점을", "입은 공손한 말을", "얼굴은 환한 미소를", "몸은 겸손한 인사를"이라는 멋진 내용을 발견했다. 그래서 위 내용을 영업부서에 전달해 매일 한 번 업무 시작 시간에 구호로 외치기로 하고 한 달 정도 진행하였다. 하지만 오래가지는 못했다. 왜냐하면, 입으로는 고객감동이라고 말을 하면서 마음으로는 다소 거리가 있었기 때문이다. 성공하는 사람은 모든 일에 지속성을 가져야 한다.

우리는 고객이 왕이라고 말한다. 이러한 마음이 진심일 때 그 기업은 성공할 수 있을 것이다.

코리아인스트루먼트(주)의 유병노 영업 본부장님은 항상 긍정적이며 누구에게나 호감을 준다. 그는 수십 년 동안 영업을 하면서 고객들에게 작은 감동이 되는 말을 많이 한다고 한다. 그 작은 감동 때문에 오랫동안 자신과의 관계가 유지되는 단골손님이 많이 있다는 것에 자부심을 가진다고 한다.

- **고객에게 작은 감동의 말을 하라.**
- **고객의 욕구에 따라 변화 하라.**

자영업자의 마음을 가질 때
성공하는 직장인이 될 수 있다!

Part
3
자기 개발을 하라

OFFICE WORKERS'
LIFE AND ITS PHILOSOPHY

직장인의
삶과 인생철학 

메모하는 습관

누구나 성공을 꿈꾸고 또 실제로 그렇게 되기 위해 부단한 노력을 기울인다. 무한 경쟁사회인 지금 이 시각에도 치열한 하루하루를 보내는 이가 많이 있다.

성공하는 사람들의 공통점에는 '메모하는 습관'이 있다고 한다. 때와 장소를 가리지 않고 메모하는 것이다. 메모하는 습관은 성공을 위한 좋은 습관이다. 우리 뇌는 기억력에 한계가 있어서 모든 것을 외울 수 없다. 그래서 아무리 중요한 것도 시간이 지나면 잊어버리게 된다.

그렇기 때문에 메모하는 습관이 중요한 것이다. 내일 아침 꼭 챙겨야 할 것이 있으면 미리 적어 놓고, 집에서 나갈 때마다 확인하거나 그 날 처리해야 하는 내용을 책상 앞에 적어 두면 실수를 줄일 수 있게 된다. 가능하면 메모 수첩을 준비하여 다음에 확인할 수 있는 좋은 자료가 된다.

또 성공한 사람들 중에는 약속시간 30분 전에 도착하는 습관이 있다고 한다. 비즈니스의 기본은 시간 약속을 지키는 것에서 시작한다는 신념이다. 이를 지키기 위해 집안 곳곳에 시계를 걸어두고 시간 약속을 지키기 위해 최선을 다한다. 어떤 사람은 "약속시간을 어기는 사람과는 비즈니스를 할 수 없다"고 말할 정도로 시간 관리에 철저하다. 이렇게 중요한 시간 관리에 있어서도 메모하는 습관은 유용하게 적용된다.

이런 경우도 있다. 하루 일과를 시작하면서 TV를 보거나 신문을 볼 때, 휴대폰으로 전달되는 좋은 정보나 대화 중에도 우리에게 유익한 정보를 접할 수 있고, 심지어 잠을 자다가도 평소 깊게 생각한 내용에 대한 해답을 얻을 때가 있다. 때로는 문득 머릿속에 떠오르는 것들도 있다. 이런 것들을 메모하지 않으면 곧 잊어버리기가 쉽다. 그 순간을 놓치면 영원히 접할 수 없다.

건강검진에서 콜레스테롤 수치가 높다고 하니 건강에 관한 정보에 관심을 가지게 되었고, 그 정보들을 메모하여 두었다가 나중에 보니 그 분야 전문가라도 된 것처럼 성인병 예방이라는 책을 쓰게 되었다. 책을 쓰고 나니 가까운 이웃들에게 건강에 대한 정보도 제공하고 대화의 내용도 풍부하게 되었다. 그리고 세미나 때나 강의 중에도 건강에 대해 좋은 정보를 학생들에게 전달할 수 있는 기회가 되었다.

그리고 나는 1999년경 측정시스템에 대한 측정불확도 평가라는 내용을 공부하게 되었는데 (측정불확도는 국가적으로 처음 도입하는 KOLAS 제도의 핵심 부분이다) 이 분야를 공부하면서 잘 모르는 내용이 많아서 그런 부분을 메모하고 정리해 두었다.

이렇게 모아 둔 자료를 정리해 더 깊게 연구하니 하나의 책이 되었다. 2013년 8월에는 「측정불확도 공학」이라는 4번째 책을 출간하게 되었고, 자연스레 이 분야 전문가라는 소리를 듣게 되었다. 책을 쓰다 보니 당연히 전문 강사로 초빙되어 전문교육기관에서 강의도 맡게 되었다.

메모하는 작은 습관은 자신의 능력을 넓히고, 이로 인하여 유익한 삶을 만드는 좋은 기회가 된다고 생각한다.

- 메모하는 습관은 자신의 능력을 넓힌다.
- 메모는 유익한 삶을 만드는 좋은 기회가 된다.
- 메모는 창고에 곡식을 쌓는 것과 같다.
- 메모는 실수를 줄일 수 있게 한다.

독서로
인생을 바꿔라

사람이 태어나서부터 죽을 때까지 몇 권의 책을 읽을까? 한 권의 책도 읽지 않고 사는 오지의 원주민도 있을 것이고, 셀 수 없을 정도로 많은 책을 읽다가 생을 마감한 이도 있을 것이다. 그러면, 독서의 중요성은 무엇일까? 책을 읽지 않는다면 정보를 습득하는 데 있어 어려움이 있다. 그리고 타인의 인생 경험을 습득할 수 없게 된다.

인생에서 많은 책을 읽은 자가 당연히 더 많은 경험과 지혜를 가지고 있다고 생각한다. 물론 사람마다 표현의 차이는 있지만, 책을 통해 사람이 바뀌고, 또 인생이 바뀔 수 있다고 생각한다. 독서의 중요성은 아무리 강조해도 지나치지 않다.

어린 시절부터 독서를 하게 되면 남의 입장을 이해하는 마음이 향상되고 공부할 때도 문장 해석력이나 문장 이해에 필요한 기본기가 생겨 매우 도움이 된다고 한다. 또한 글쓰기를 잘하게 되고 자기 생각을 논리 정연하게 표현하는 논술, 많은 사람을 설득하는 웅변도 실력까지 늘게 된다. 책 읽는 것을 취미로 생각하고 시간이 날 때마다 조금씩 읽는 것도 도움이 된다. 책을 좋아하지 않는 사람들은 자기가 좋아

하는 장르의 책을 읽기 시작해서 점점 폭을 넓혀 가면 언젠가는 도움
이 될 날이 올 것으로 생각한다.

그러나 책도 그 분야가 너무나 다양하여 어느 한 분야만 읽으면 문
제가 따를 수 있다. 하지만 책 중에서는 분명 공통으로 적용되는 내용
이 있다.

한 가지 예를 들어보면 「비밀(The secret)」이라는 책을 읽으면 긍정적
인 마음을 갖게 해 준다. 비밀이란 책 속에는 돈의 비밀과 인간관계의
비밀, 건강, 세상, 인생의 비밀들에 관하여 언급되어 있다. 여기서 비
밀이란 바로 끌어당김의 법칙을 말하고 있다. 끌어당김의 법칙은 당
신이 무엇을 생각하든 그 생각에 반응한다는 것이다. 즉 생각은 자기
신호를 전송하여 비슷한 것이 되돌아오게 끌어당긴다는 뜻이다.

그래서 좋은 것은 끌어당기고 나쁜 것은 당기지 않는다. 끌어당김의
핵심요소는 생각이다. 자신의 생각대로 삶을 만드는 것이다.

즉 우리가 가장 많이 생각하고 집중하는 대상이 우리의 삶에 나타난
다는 것이다. 그래서 항상 긍정적인 생각을 해야 긍정적인 삶으로 연
결해 준다는 것이다.

이 외에도 책을 통하여 나도 그렇게 살아야 한다는 마음을 심어줄
수 있는 내용들이 너무나 많다. 물론 책을 읽는 것이 나쁘다고 말하는
사람은 드물 것으로 생각을 하지만, 책을 안 읽는 사람의 변명은 "바
빠서" 그리고 "시간이 없어서"라고 말하는 이가 대부분이다. 어떤 책
이든 책 읽는 것에 욕심을 가져야 많이 읽을 수 있다.

「작은 물줄기」라는 책 속에는 성공을 위한 지혜와 관련한 내용을 수록하였는데 정신적인 것과 육신의 건강을 위한 내용도 포함하고 있다. 정신적인 건강의 한 가지 예로 토끼와 거북의 경주에서 제1막은 거북의 승리로 끝나지만 반성한 토끼는 제2막에서 우승하게 된다. 제3막에서는 거북은 스스로 잘할 수 있지만 토끼는 잘 못하는 것을 개발해 다시 우승하게 되며 제4막과 제5막에서는 서로 협력하여 공동 우승하는 마인드를 갖게 되는 이야기로 전개되어 있다.

또 책을 통하여 상대방의 마음을 얻는 기술을 전수받을 수 있다.
마음을 얻는다는 것은 사람을 얻는 것이다. 사람이 어떤 분야에 정상에 서고 싶다면 먼저 사람을 얻어야 한다고 말한다. 사람을 얻는 방법을 하나 소개하면 언제 어디서나 당신이 만난 사람을 돋보이게 만들어야 한다는 것이다. 그리고 그 사람들이 당신을 다시 만나고 싶어 하게끔 이끌어야 한다.
만나는 사람들의 장점은 부각시켜주고 약점과 실수는 덮어줘야 한다. 여러분의 부드럽고 따뜻한 카리스마의 힘 안으로 끊임없이 사람들을 끌어들여야 한다.

한마디로 당신은 언제 어디서나 호감을 주는 매력적인 사람이 되어야 한다. 즉 상대를 사로잡는 첫인상은 상대에게 나 자신이 얼마나 뛰어난 사람인가를 보여주는 데 있지 않고 상대에게 얼마나 편안한 사람인가를 보여주는 데 있다. 「작은 물줄기」란 책은 위 내용을 포함하여 성공적인 삶의 지혜들이 수록되어 있다.
이처럼 책을 통하여 성공하는 마음을 갖게 해주는 책의 위력은 정말 대단하다.

- 독서는 우리가 원하는 길을 안내해 줄 것이다.
- 책을 통해 인생이 변화될 수 있다.
- 책은 성공하는 마음을 갖게 해 준다.
- 자신의 생각대로 삶을 만들어라.
- 당신이 만난 사람을 돋보이게 만들어야 한다.

사람을 얻는 악수

악수는 고대로부터 전해진 오래된 인사법이며 일정한 규칙이 있다. 즉, 동성 간에는 손윗사람이 손아랫사람에게, 선배가 후배에게, 기혼자가 미혼자에게 먼저 손을 내밀어서 악수를 청하는데 현재도 그대로 인정되고 있다. 여성은 남성과 악수를 하지 않는 것이 보통인데, 여성 쪽에서 손을 내밀었을 때에는 남성은 악수를 해도 된다. 하지만 이러한 규칙이 반드시 지켜져야 하는 것은 아니다.

다만 원칙적으로 남성 쪽에서 여성에게 먼저 손을 내밀지 않는 것이 예의이다. 또 특정한 국가나 지역에서는 왼손은 불결한 손이라고 믿고 있기 때문에 반드시 오른손으로 악수해야 하는 경우도 있다. 서양에서 부인은 장갑을 낀 채 악수해도 괜찮지만, 남성은 장갑을 벗는 것이 원칙으로 받아들여진다. 악수를 하면서 머리를 숙여 절은 하지 않고, 상대의 눈을 보면서 한다.

악수의 의미는 먼저 악수를 청하는 사람은 상대에게 무엇을 바라는 사람이다. 상대가 손을 잡는 순간 이미 손을 내민 사람에게 마음을 준다는 것이다. 먼저 악수를 청하는 사람에게 손을 잡는 경우는 상대에게 마음의 문을 열어 주겠다는 의지의 표현이다.

악수는 인사일 뿐, 대등하고 당당한 서구식 인사법인데 비즈니스 세계에서는 손을 비우고 왔다는 뜻이다. 상대를 잡아먹으려 하고 지배하려 했던 부족사회의 악수 풍습에서 무기를 두고 대등하게 만난다는 뜻에서 서로의 빈손을 확인하는 인사법이다.

우리는 먼저 내민 빈손의 의미를 다시 새겨 두어야 한다. 악수를 거절하는 것은 무기를 감추었다는 적개심의 표현이다. 전쟁을 원하지 않는다면 악수를 받아 주어야 한다. 평화를 원한다면 먼저 악수를 청해야 하고 손을 잡는 순간 이미 평화는 시작된 것이다.

우리가 살아가면서 사람을 만날 때 여러 가지 인사가 있지만 대체로 악수를 하는 것이 보편적이다. 그런데 악수를 하는 것에는 다양한 형태가 있다. 그래서 악수도 여러 가지 의미를 가지고 있다.

'손에 힘을 많이 주는 악수는 자신감을 나타내는 악수이고', '힘을 적게 주는 악수는 나약함을 나타내는 악수', '한 손으로 잡는 악수는 강한 자의 악수', '두 손으로 잡는 악수는 약한 자의 악수', '악수하면서 상대방의 눈을 보는 것은 진솔함을 의미하는 악수', '악수하며 다른 사람을 보는 것은 무례함을 나타내는 악수', '상대방에게 자신의 손바닥까지 주는 것은 따뜻함을 나타내는 악수', '상대방에게 손가락 일부분만 주는 것은 차가움을 나타내는 악수'라는 설명이 있다.

사람을 만나면 대체로 악수를 하게 되는데 그 중에서 힘이 없는 악수나 손가락 일부분만 잡는 악수는, 악수 후에 기분이 별로 좋지 않은 느낌을 받는다. 반면 힘이 없는 악수나 차가운 악수를 한 사람은 신뢰가 떨어지고 실제로 약속이 지켜지지 않은 경우를 많이 보았다.

악수는 사람과의 사이를 연결하는 가교 역할을 한다. 그래서 형식적인 악수가 아니라 진심으로 말하고 진심으로 행동해야 한다. 그래서 악수를 할 때는 상대방의 눈을 보라고 한다. 왜일까? 눈과 얼굴은 우리의 마음을 읽을 수 있는 창이라고 하지 않은가! 악수를 할 때 절대로 싫은 표정은 짓지 말아야 한다. 언제나 부드럽고 엷은 웃음이 필요하다.

사람과 사람 사이가 더 친숙해지려면 상대를 자주 칭찬해주고 악수를 많이 하라고 한다. 이 글을 쓰면서 과거에 수없이 많은 사람들을 만나며 악수했던 장면이 기억난다. 대체로 힘 있게 꼭 잡는 사람, 힘 없이 악수하는 사람, 아니면 그저 잡혀주던 사람들도 생각난다. 힘이 있게 악수하는 사람과는 또 한 번 악수해 보고 싶은 생각이 나지만 억지로 잡혀주는 사람과는 다시 악수하고 싶은 생각이 들지 않는다. 이러한 관계를 알게 된 이상 지금부터라도 우리가 만나는 모든 사람에게 신뢰와 부드러운 인상을 주는 악수를 통하여 그 사람의 마음을 얻을 수 있다면 성공적인 악수가 될 것이다.

우리 스스로 자신의 '악수 스타일'을 점검해 보자. 혹시 나의 악수 방법이 상대방에게 나약함이나 차가운 인상을 줄지도 모르기 때문이다.

■ 힘이 있고 진솔한 악수는 상대방에게 신뢰를 줄 것이다.
■ 힘없이 잡혀주는 악수는 하지 말라.
■ 자신의 악수 스타일을 점검해야 한다.

황금으로
변화시키는 기술

　어느 백작 부인이 성실한 마부를 뽑기 위해 세 명의 후보에게 질문을 던졌다. "가파른 절벽 위를 달릴 때 어느 정도의 실력을 발휘할 수 있는가?" 그러자 첫 번째 사람이 자신 있게 말했다. "부인, 저는 어떤 절벽에서도 10cm는 문제없이 달릴 수 있습니다!" 이번에는 두 번째 사람이 코웃음을 치고는 대답했다. "저는 30cm도 끄떡없습니다" 어수룩해 보이는 세 번째 사람은 두 사람의 대답에 잠자코 있었다. 궁금해진 백작 부인이 대답을 재촉하자 그는 자신 없는 표정으로 입을 열었다. "마부였던 제 아버지는 절벽 근처에는 아예 가지 말라고 늘 당부하셨습니다. 저는 아버지 말씀대로 한 번도 위험한 절벽 길을 달려본 적이 없습니다. 그래서 제가 벼랑에 얼마나 가까이 달릴 수 있는지 모릅니다" 백작 부인은 결국, 세 번째 사람을 마부로 뽑았다. 조금 부족한 듯하지만 성실한 자라고 여겼기 때문이다.

　직장인의 자기계발을 위한 책으로 리더십 관련 서적이 꾸준한 인기를 끌고 있지만 최근엔 부하 직원의 입장에서 상사를 대하는 기술에 대한 책이 눈길을 끈다. 「상사와 유쾌하게 일하는 10가지 기술」이란 책과 「상사 사용 설명서」 및 「못된 상사 밑에서 살아남기」란 책도 출간되었다.

이 같은 책들은 직장 내에서 처세술에 가깝다고 볼 수 있다. 최근엔 지도자를 따르는 것(Followership)에 관한 서적들이 눈에 띄는데 리더십에 상대되는 개념으로 '간부학'이라고도 부른다. 그런데 주변에서 '참모론'에 관해 참고할 만한 자료는 많지 않은 것 같다.

어떤 면에서 직장인은 누구나 '참모'다. '보스'를 제외하면 말이다. '부하'가 '단순히 시키는 대로 일하는 직원'이라면 '참모'는 '조언과 설득을 통해 자기의 뜻을 관철하고 조직을 발전시키는 무한한 가능성을 가진 사람'이라고 정의한다.

직장에는 여러 부류의 사람들로 구성되어 있다. 아주 소수의 사람들은 상사가 자리를 비우거나 출장이라도 가면 마음이 편해지고 자유를 얻은 것과 같이 행동하는 자가 있다. 심지어 상사가 다른 일로 출근을 하지 않으면 아프다는 핑계로 지각하는 버릇을 가진 자도 볼 수 있다. 즉 눈에 보일 때만 열심히 일하는 사람들이다. 이런 부류의 사람들은 큰일을 제대로 할 수가 없다.

나는 신입소원이 들어오면 항상 들려주는 말이 있다. "직장생활은 자신을 위한 것"이라고. 인생을 설계하고 그 목표를 이루기 위해 최선을 다하라고 말해준다. 그래도 그렇게 하지 못하는 이들이 있었다.

'성실'이라는 말은 언제나 '정직'이라는 단어가 따른다. 상사가 자리에 있건 없건 성실한 자와 정직한 자는 항상 자기 위치를 지키는 자이다. 그래서 정직은 다수의 침묵으로 지지하고 있다. 정직하지 않은 개인, 집단, 기업, 국가는 모든 이의 공개 심판을 받게 된다. 정직의 가치가 소중한 이유는 바로 무병장수의 비결이기 때문이다. 성실하고 정직한 사람에게는 건강이 따른다. 왜냐하면 불필요한 에너지를 낭비하지 않기 때문이다. 정직한 사람은 잠을 편하게 잘 수 있으며 당당하게 살 수 있다. 그리고 자기 자신이나 이웃에게 부끄럽지가 않기 때문에 그의 몸은 항상 맑고 가볍다. 행복과 건강의 지름길은 옳게, 그리고 바르게 사는 것이다.

「공자전」에 이런 내용이 있다.

어떤 잘못을 알면서도 고치지 못하는 것은 게으름이고, 실천했는데 이루지 못하는 것은 부끄러움이다. 어진 사람을 존경하면서도 함께 하지 못하는 것은 욕됨이다. 알지 못하면서도 묻지 않는 것은 고집이다. 말을 하면서도 논리적으로 정리하지 못하는 것은 막힘이다. 혹은 기뻐했다가 혹은 화내는 것은 미혹(迷惑)이다. 실천하지도 못하면서 말만 앞세우는 것은 속이는 짓이다. 무엇을 말하면서 말을 아름답게 꾸미는 것은 헛된 소리일 뿐이다. 세상과 백성에 대해 이로운 일을 하지 않으면서 봉록(俸祿)을 후하게 가져가는 것은 도둑놈이다. 도리를 좋아한다고 하면서 말만 번거롭게 하는 것은 어지러움이다. 사람을 죽이고도 마음 아파하지 않는 것은 도적놈이다.

부지런하고 근면하면 행복을 얻을 수 있다고 한다. 근면한 사람은 모든 것을 황금으로 변화시키는 기술이 있다는 말이 있다.

'낙숫물이 돌을 뚫는다'는 말도 작은 힘도 계속 모이면 놀라운 결과를 낳는다는 뜻이다. 톨스토이는 "너는 너의 이마의 땀으로 너의 빵을 얻지 않으면 안 된다"고 말했다. 행복을 얻기 원한다면 성실한 자가 되어야 한다.

- 근면하고 성실하면 행복이 찾아온다.
- 정직은 무병장수의 비결이다.
- 행복의 지름길은 정직하고 성실하게 사는 것이다.
- 모든 것을 황금으로 변화시키는 기술을 가져라.

긍정의 말을 하라

어떤 사람이 성공한 사람일까? 어떤 사람이 일상적인 업무에 허덕이는 다른 이들과 달리 매일 성취감을 느끼며 사는 것일까? 전문가들은 그 해답이 사용하는 어휘에 달려 있다고 말한다. 사람이 사용하는 말은 그 사람의 심리상태와 개인적, 직업적인 인생을 보는 전적으로 알 수 있는 방법이다. 미국의 경제 전문지 '포브스(Forbes)'에서 성공하는 사람들이 절대 하지 않는 말 7가지를 소개했다.

1. "그건 불가능해"

성공하는 사람들은 어떤 문제든 반드시 해결책이 있다는 것을 알고 있다. 창조적이 되면 불가능이란 있을 수가 없다. 달성하기가 힘든 목표가 있더라도 성공하는 사람들은 차분히 이에 대응한다. 그들은 한 단계 한 단계 접근하다 보면 결국 목표에 도달하리라는 것을 잘 알고 있다.

2. "신경 안 써"

성공하는 사람들에게는 정열이라는 DNA(유전자)가 있다. 혁신자들

은 절대 "나는 내 일이 싫어"라든지 "상관 안 하니 될 대로 되라"는 말
을 하지 않는다. 비전과 짝을 이루는 정열을 가지고 있지 않다면 결코
도전을 이겨낼 수 없고, 사업을 혁신하고 발전시킬 수가 없다.

3. "내가 다 알고 있어"

모든 성공한 사람들 뒤에는 스마트한 팀이 있었다. 훌륭한 팀을 만
들려면 내가 모든 것을 다 알고 있지 못하다는 것을 인정하고 자신의
모자란 지식과 경험, 시각 등을 고용한 사람들로부터 얻으려는 자세
를 가져야 한다. 또한 팀원들을 신뢰해야 한다.

4. "질문 좀 그만해"

스마트한 사람들은 호기심을 갖지 않는 순간 질문이 멈추게 되고,
혁신은 끝난다는 것을 잘 알고 있다. 애플사의 창업자였던 스티브 잡
스나 산업 디자이너인 제임스 다이슨 같은 천재 리더들은 팀원들에게
자신이 해야 할 일과 전통적인 지식에 끊임없이 질문을 던지라고 권
했다. 그들이 좋아하는 질문은 "왜?", "안 될 게 뭐야", "만약 그렇다
면 어떻게 될까?"였다.

5. "감사하지만 피드백(반응/의견)을 기대하지는 않아"

성공하기 위해서는 새로운 경험과 아이디어, 시각에 열린 마음을 갖
고 있어야 한다. 또한 어떻게 업무를 추진하고 있으며 비전을 이끌어
가고 있는지에 대한 피드백을 받는 것에 열린 자세를 가져야 한다.

피드백에 대해 열린 마음을 갖고 있는 사람은 팀원이나 동료로부터
존경을 받을 뿐만 아니라 다른 사람의 시각에서 볼 수 있는 귀중한 기

회를 얻게 된다. 피드백을 통해 다양한 시각을 갖게 되면 다른 사람과 소통하거나 긍정적인 방법으로 프로젝트에 접근하는데 좋은 방법을 찾을 수 있다.

6. "그런데 실패하면 어쩌지?"

실패는 사업에서 일상적인 한 부분이다. 제임스 다이슨이 진공청소기를 만들기까지 5,126번이나 실패를 했다. 토머스 에디슨은 전구를 개발하기까지 1만 번이나 실패를 거듭했다. 성공하는 사람들은 결코 실패를 두려워하지 않는다.

7. "그건 너무 힘들어"

성공한 사람들을 보면 결코 쉬운 길을 택하는 법이 없다. 그들은 정열과 인내력 그리고 새로운 길을 만들어가는 투지가 있다. 새로운 길을 개척하기는 정말 쉽지 않다. 하지만 성공하는 사람들은 자신의 운명을 결정할 때 저항이 적은 길을 선택하는 법이 절대 없다.

성공하는 사람들이 가지는 공통적인 마음은 긍정적이라는 것이다. 평소 무심코 던지는 말 한마디라도 "죽겠다", "안 된다", "힘들다", "못 하겠다", "갈수록 태산이다" 등의 말을 해서는 성공하는 사람의 대열에서 멀어질 것이다.

또 성공하기 위해서는 건강해야 한다. 육신이 건강해야 긍정적인 마음이 생긴다.

만약 어떤 질병이나 육신의 고통이 있다면 모든 생각이 부정적으로 돌아가고 만다. 그래서 정신적인 건강도 중요하지만, 육신의 건강도 중요하기에 건강에 대한 일부 내용을 수록하게 되었다.

건강의 정의는 아프지 않은 것, 정상적인 상태이다. 광의로는 몸과 마음과 사상이 건전한 것이고 협의로는 육신과 정신이 정상적인 상태이다. 육체가 튼튼해도 마음이 불건전하면 건강한 것이 아니다.

사람 인(人)은 심과 신(心身)의 만남이다. 정신과 육신이 서로 지탱하며 일치하는 모습의 상형(象形)이다. 심신이 같이 살아있어야 사람이고 균형을 유지하고 유기적 조화를 이루어야 건강한 사람이다. 영혼이 떠난 몸은 시체라 하지, 사람이라 하지 않는다.

인자(仁者)는 건강하다. 인(仁)은 사람(亻)이 하늘과 땅(二)을 품고 있는 모습이다. 이처럼 자연 친화적인 사람을 인자(仁者)라 한다. 어진 사람은 건강하다. 천기(天氣)와 지기(地氣)를 호흡하기 때문이다. 하늘의 소리와 땅의 소리를 들으므로 사소한 일에 열을 받거나, 세상 욕심에 번뇌하지 않기 때문이다.

인자가 아니라도 건강한 사람은 심신(心身)이 편안한 사람이다.

필요한 것을 필요할 때 필요한 만큼 섭취하고, 배설하며, 잘 자고 항상 마음이 여유롭고 자연과 분위기에 잘 어울리는 사람이지 건강에 대한 지식이 많고, 보약을 먹고, 운동을 많이 하는 사람이 아니다.

우리는 하루하루를 살아가면서 가정이나 직장에서 대부분의 시간을 보낸다. 그때 가족이나 직장 동료 중 '죽겠다, 안 된다, 힘들다, 불가능하다'는 등 부정적인 소리를 들을 때가 많이 있을 것이다.

가장 듣기 싫은 소리가 위 네 가지라고 생각한다. 특히 가족이나 가까운 이웃 중에 부정적인 소리를 자주 하는 자가 있을 경우는 가만히

지나치기 어렵다. 이들에게는 부정적인 말은 자신을 망칠 뿐이라며
진심 어린 충고가 필요하다.

- 심신이 편안한 사람이 성공적인 인생을 만들 수 있다.
- 죽겠다, 안 된다, 힘들다, 못하겠다는 말은 절대로 하지 말라.
- 긍정적인 사람이어야 성공할 수 있다.
- 어휘를 잘 사용해야 성공하는 사람이 될 수 있다.

성공의 열쇠

성공의 열쇠는 자존심보다 일에 긍지를 갖고, 자부심과 자신감을 나타내는 것으로 인생에 있어서 매우 중요한 일이다. 그러나 특히 일의 성공에 있어 자신을 용서하고 실패를 배우는 쪽이 자존심을 지키는 것보다 훨씬 가치가 있다고 생각한다. '자기를 배려'하는 것은 배움과 성장을 돕고 나아가 성공의 열쇠가 된다. 경력이나 직업으로 성공하기 위해서는 자존심보다 실패에서 배우고, 실수하는 자신에게 용서하는 능력이 훨씬 중요한 것이다.

'자기에 대한 배려'는 자신의 실수나 결점을 연민과 이해를 가지고 바라보라는 것이다. 또 '인간은 실수를 하는 것이다'라는 사실을 받아들여야 한다. 어려움에 직면했을 때 '자기에 대한 배려'를 가지면 자신을 엄중히 규탄할 필요도, 자존심을 지키기 위해 자신의 장점만으로 눈을 돌릴 필요가 없다. 많은 연구에서 알 수 있듯이 '자기를 배려'하는 것은 안정감과 낙관적인 분위기를 이끌어 행복의 수준을 높이고, 불안과 우울증을 낮추어 준다.

그리고 성공의 열쇠는 실수하거나 잘못을 지적받았을 때 사실을 받아들이고 거기에서 배우고 성장할 수 있는 것이다. 누구나 실수를 한다. 또한, Halvorson 박사는 '진정 성공하는 사람들은 자신을 용서하는 것을 알고 있기 때문'이라고 설명하고 있다.

성공의 열쇠란 무엇일까? 진정한 성공이란 가장 좋은 방식으로 살아가는 것을 의미한다. 이를 위해서는 돈에 대해 균형 잡힌 견해를 가질 필요가 있다.

'돈'에 관한 문제는 돈 자체가 문제가 되고 있는 것이 아니고 돈에 대한 사랑이 문제이다. 돈을 사랑하면 돈은 우리의 종이 아니라 주인이 되기 때문이다. 돈이 성공의 열쇠라고 생각하여 필사적으로 돈을 많이 벌려고 하는 사람들은 사실 환상만 좇는 것이 된다. 그들은 결국 실망하고 돈 때문에 고통을 자초하게 된다.

돈을 버는 일에 전 생애를 몰두하는 사람들은 가장 귀중한 가족이나 친구와의 관계가 멀어지게 된다. 부는 행복을 약속하지만 결코 행복을 가져다주는 법이 없다. 더욱 갈증을 나게 하고 결국은 불행을 가져다줄 뿐이다.

진정한 성공의 또 다른 열쇠는 우리의 불완전성을 인정하고 받아들이는 것이며 타인의 불완전성과 실수, 잘못들을 기꺼이 용서하고 잊어주는 것이다. 다른 사람에 대하여 불평할 이유가 있더라도, 서로 기꺼이, 계속해서 용서해야 한다.

자신과 다른 사람에 대하여 용서하는 마음과 태도를 가지면 대인 관계도 좋아지고 자신의 건강도 좋아진다. 사랑과 용서가 없는 삶은 불행이 가득한 공허한 삶일 것이다. 경건한 원칙에 근거하여 더 풍성하고 지속적인 사랑이 지금 필요하게 된다. 용서할 때에 용서하지 못하면 바로 실패로 접어들게 된다. 그래서 용서는 자신의 실패가 아니라 능력이 된다.

이러한 용서는 원만한 성품에서 나온다. 우선 인간이 되지 않으면 아무런 의미가 없다. 사랑할 줄 아는 능력이나 남의 말을 귀담아들어 주는 능력 또 배울 수 있는 능력은 우리 자신의 성공과 행복을 위해서 필수 불가결한 요소이다. 그런 능력이 없다면 스스로를 새로이 하고 성취를 촉발하는 데 꼭 필요하고 내실 있는 인간관계를 유지하기가 어렵다.

또 용서를 하기 위해서는 지구력이 필요하다. 즉 자기 수양이 필요하다는 말이다. 지구력 있는 성공은 자기 수양에 달려 있다. 자신에게 규칙을 정해주고 그것을 지키려는 의지가 있어야 한다. 당장은 지겹고 싫을 수도 있지만 규칙을 지켜나가는 일은 복리 이자가 된다.

가정에서도 부부 사이나 자녀 사이 등 여러 관계에서 불만이나 갈등이 존재할 수 있다. 처음에는 부드러운 말을 주고받다가 나중에는 강한 어투로 변하고 그러다가 때로는 싸움이나 충돌이 발생한다. 그때 용서라는 열쇠를 사용해 보면 놀라운 결과를 얻을 수 있다. 사소한 싸움이 큰 싸움으로 번지고 결국에는 이혼이나 가출 등의 불상사가 발생하여 가정이 파괴되는 경우가 많다.

누구나 화목한 가정을 이루기를 원한다. 그렇지만 화목한 가정보다 그렇지 못한 가정이 많을 것이다. '여러분의 가정은 화목하십니까?'라는 질문을 받는다면 크고 작은 불편한 관계가 떠오를 것이다.

나도 이 글을 쓰면서 느끼는 것이 있다. 가정 내, 서로 불편한 관계는 가족 간에도 화목을 저해하는 요소들이 계속해서 발생되기 때문이다. 그렇지만 현재의 불만이나 갈등의 요소들을 용서로 녹이면 화목의 길로 접어든다.

나의 경우, 아내와 불화가 생기는 경우를 보면 내가 잘못한 것이 없다는 생각이 드는데 종종 싸움이 될 때가 있었다.

그러나 결국, 내가 먼저 잘못했다고 선언하면 모든 것이 끝날 수 있었으며 가능하면 내가 져주는 쪽을 택하는 경우가 많다. 이것도 하나의 용서라 생각한다. 용서하면 모든 문제가 해결 될 수 있는 것이다. 이것이 성공의 열쇠가 된다. 그것은 곧 자신의 능력이 되는 것이다.

- 용서는 자신의 능력이다.
- 용서는 성공의 열쇠이다.
- 진정한 성공이란 가장 좋은 방식으로 살아가는 것이다.
- 성공은 자존심보다 일에 긍지를 갖는 것이다.
- 용서를 하기 위해서는 지구력이 필요하다.

희망의 열정을
풀어 놓아라

인생이 산 넘어 산이듯이 지금 만나는 일 또한 그렇다. 우리가 넘어야 할 산이기 때문이다. 살아가면서 스스로 느끼는 여러 가지 핸디캡이 있다. 시간이 지나갈수록 피해갈 수 없음을 실감하는 핸디캡은 반드시 극복하는 수밖에 없다.

리더가 되려는 사람들 앞에 거대한 파도의 모습으로 버티고 있는 도전들을 능동적인 자세로 헤쳐나가야 한다. 자신에게 닥쳐온 책임과 본분을 어렵고 힘들고 지겹다고 기피하거나 포기하거나 대충대충 얼버무리지 말아야 한다.

식물이 꽃을 피우기까지 오랜 시간 성장 과정을 거치지 않았다면 그 식물은 존재하지 않았을 것이고, 지구 상에 존재하는 생물들이 모두 숭고한 인내의 과정과 치열한 생존경쟁에서 자신을 잃고 좌절하여 포기했다면 이 세상은 존재하지 않았을 것이다.

어떤 과정을 성실하게 채우지 않고, 회피하고, 기만하고, 포기하고, 얼렁뚱땅 넘어가려고 하고, 쉽고 또 안이하게 생각하고, 힘들게 노력한 타인의 결실을 훔치고, 흉내 내며, 기회를 가로채려 하는 조화(彫

花)들을 볼 수 있다.

인간 세상 또한 자신의 부족함을 채우려는 노력보다 갖은 아첨과 허세와 기만으로 모면하려 하고, 임기응변으로 때우려는 공백으로 산다면 하루살이 인생이 될 것이다.

힘들고 어려운 일이 닥칠 때는 낙심하지 말고 과거는 덮어두고 현재와 미래에 희망을 걸어야 한다. 힘들고 화가 나는 일이 숙명이라면 피하지 말고 당당하게 즐겨야 한다. 아무리 어렵고 힘든 일이라도 생각하는 만큼 크지는 않으며 당해야 할 일이라면 기꺼이 받아들여야 한다. 화가 난다고 상대방을 무시했다가 상상할 수 없이 큰일을 만들 수 있다. 싸움은 마치 물이 둑을 터뜨리는 것과 같아서 상대방 감정의 둑이 터지면 막을 방법이 없다. '누구든지 듣기는 빨리하고 노하기는 더디 하라. 노하는 사람은 하나님의 의를 이루지 못하기 때문이다'라는 성경 구절도 있다.

2011년 3월부터 3년 동안 대학에서 겸임교수로 학생들을 가르치며 많은 것을 배웠다. 내가 맡은 과목이 회로이론과 통신이론 및 측정불확도 공학인데 대부분의 학생들이 어려운 과목으로 생각하고 있어 가르치는 것이 쉽지 않았다. 학생들은 학점 이수하기가 쉬운 과목으로 몰리는 경향이 있다는 것을 느꼈다. 또 1학기 때 좋은 학점을 취득하면 2학기에도 수강을 신청하고 1학기 때 낮은 학점을 받으면 2학기 때는 다른 과목을 선택하는 경향을 볼 수 있었다.

하지만 우리는 비탈길을 올라가야 높은 곳에 도달할 수 있다. 평지만 달린다면 달리기는 쉬워도 높은 곳에 도달할 수는 없다.

　대학에 입학하면 동기들과 동일한 시발점에서 출발하는 셈이다. 대학 1학년부터 자신의 목표를 세우고 꾸준히 비탈길을 올라가는 자와 목표 없이 평지 길로 쉽게 살아가는 자가 먼 훗날 이루어 놓을 결과는 평지와 정상(頂上)의 차이가 날 것이다.

　어떤 일에 실패로 낙망하고 있다면 이것은 이 세상에서 가장 작은 문제이다. 왜냐하면, 그 문제의 해답이 우리의 마음속에 있기 때문이다. 마음에 새로운 희망의 열정과 도전을 풀어 놓으면 실패나 포기는 사라지고 더 위대한 일을 할 수 있게 된다.

　인간은 왜 기쁨을 잃어버릴까? 이것은 끝없는 욕망과 자신의 삶에 만족을 못 하는 데 있다.

　어떤 일이든지 화는 마른 솔잎처럼 조용히 태우며 기뻐하는 일은 꽃처럼 향기롭게 하고 역성은 여름 산들바람처럼 하며 칭찬은 징처럼 울리게 하라고 한다. 또 노력은 손처럼 끊임없이 움직이고 반성은 발처럼 가리지 않고 하라. 인내는 질긴 것을 씹듯 하고 연민은 아이의 눈처럼 맑게 하라. 남을 도와주는 일은 스스로 하고 도움받는 일은 힘겹게 구하라. 내가 한 일은 몸에게 감사하고 내가 받은 것은 가슴에 새겨두며 미음은 물처럼 흘려보내고 은혜는 황금처럼 귀하게 간직해야 한다.

　위의 말들은 어찌 보면 실천하기 쉽지 않은 것들일 수도 있다. 그러나 할 수 있다, 없다 여부는 자신의 마음에 달려 있다.

　우리는 마음을 다스려야 한다. 만약 자신의 마음을 다스리지 못한다면 위대한 일을 할 수 없게 된다.

- 비탈길에 올라야 높은 산을 정복할 수 있다.
- 마음에 새로운 열정과 도전을 풀어 놓으면 실패나 포기는 사라지고 더 위대한 일을 할 수 있게 된다.
- 자신의 마음을 다스려야 위대한 일을 할 수 있다.
- 은혜를 귀하게 여겨라.

실패는 배움의 기회

'왕 멍'은 관우와 함께 중국 사람들이 가장 존경하는 인물로 손꼽힌다. 우리에게는 익숙하지 않은 이름이지만 중국을 대표하는 지식인으로 노벨문학상 후보에 네 번이나 오른 바 있는 중국의 살아있는 전설이다.

그는 열네 살이라는 어린 나이에 중국혁명에 뛰어들었고 스물네 살에는 우파로 낙인찍혀 위구르 자치구로 유배당했다. 유배지에서 그는 언제 끝날지 모르는 힘겨운 삶을 이어가야 했다. 그 후 복권될 때까지 무려 16년을 그곳에서 보냈으니 참담하다고밖에 할 수 없는 역경의 시간이었을 것이다.

아무것도 기약할 수 없는 유배지에서의 생활을 그는 어떻게 견뎠을까? 그는 "아무 일도 할 수 없는 역경에 처했을 때, 배움은 내가 파도에 휩쓸리지 않도록 매달릴 수 있는 유일한 도구였으며 배움은 내가 의지할 수 있는 유일한 피난처이자 암흑 속의 횃불과 같았고, 나의 양식이자 질병을 막아주는 백신과 같았다. 배움이 있었기에 비관하지 않을 수 있었고, 절망하지 않을 수 있었으며, 미치거나 의기소침해지거나 타락하지 않을 수 있었다"고 말한다.

역경에서 그를 구한 것은 배움이었다. 공부는 그로 하여금 분노를 극복하게 하고 허송세월하지 않게 해주었다. 또한 삶의 중요한 기반이 되었다. 공부는 그를 고무시켰고 자존감과 신념, 즐거움과 만족을 주었다. 이런 경험을 통해 그는 역경과 배움의 관계를 이렇게 설명한다. "역경에 처했을 때가 가장 배우기 좋은 환경이다" 보통 사람들은 역경에 처하면 어찌할 바를 몰라 당황한다. 우물쭈물하다 시간을 보내고 아무것도 얻지 못한 채 인생의 아까운 시간을 허비해버린다. 하지만 역경이 흩뿌려놓은 안개가 걷히면 곧 자신의 상황을 파악하고 조용히 배움의 시간을 갖는 사람들이 있다.

그들이야말로 역경을 제대로 활용할 줄 아는 사람들이다. 인생에서 익힌 것을 정리하고 더 깊이 배우는 기회로 삼는다. 다산 정약용 선생은 신유사옥으로 포항과 강진에서 18년간 유배생활을 했다. 그동안 독서와 저술 활동으로 자신의 학문체계를 완성했으니 선생에게는 유배생활이 오히려 기회인 셈이었다. 자신의 삶과 생각을 새롭게 정리하고 제대로 배운 것이다.

현명한 선조들은 대부분 유배생활이라는 역경을 통해 인생을 새롭게 배웠고, 자신의 삶과 생각을 재정립할 기회로 활용했다. 왜 내게 이런 역경이 오느냐며 세상을 원망하기 쉬운데, 그 마음을 극복하는 방법은 배움뿐이다. 원망하는 마음을 극복하는 것 자체가 인생의 큰 배움이기도 하다. 그런 점에서 톨스토이의 고통에 대한 통찰을 경험할 필요가 있다. '밤하늘이 별을 드러내듯이 고통은 삶의 의미를 드러내 준다' 우리는 고통을 겪어야만 진정으로 성숙한 영혼 속에서 살게 된다.

삶이 힘들다고 고통스러워하며 세상을 원망하고 있을 겨를이 없다. 오직 배움을 통해서 그 고통과 역경을 헤쳐나가야 한다. 젊은이라면 더더욱 인문, 고전을 치열하게 읽어야 한다.

요즘은 정치인들도 관직에서 물러나면 한적한 곳에서 책을 통해 배움의 기회로 삼는다. 자리에서 물러남은 작은 역경이다. 그러나 그 역경을 자신을 새롭게 만드는 기회로 활용해야 한다. 역경 속에서 자신의 부족했던 점과 단점을 찾아 다음을 준비하는 자세가 되어야 한다.

한 학생은 학교 성적이 항상 2등이었다. 그래서 하루는 1등을 하는 학생이 과연 몇 시에 잠을 자는지 알아보았다. 1등을 하는 학생이 자는 시간을 확인한 2등 학생은 자신의 잠자는 시간을 1등보다 30분 더 늦게 정하고 열심히 공부해 마침내 1등을 하였다는 이야기가 있다. 어떤 잘못이나 실패는 성공을 위한 새로운 배움의 기회로 활용할 수 있을 때 삶의 가치를 더욱 높일 수 있게 된다.

성공하는 사람들의 특징은 다음과 같다.

- 낙관주의와 긍정적인 마음을 갖는다.

- 명확한 목표와 목적 및 비전을 갖는다.

- 일하고자 하는 자발적 의지를 갖는다.

- 자기 수양으로 지구력을 키운다.

- 일관된 마음가짐을 갖는다.

- 독서습관을 갖는다.

- 대담성과 도전성을 갖는다.

- 원하는 것을 기대하며 이룬다.

- 한발 앞서 사고하는 지배력을 갖는다.

- 우선 인간이 되는 원만한 성품을 갖는다.

보통 성공하는 사람들은 하루 중에 가장 일하기 좋은 시간에 중요한 일을 집중해 일의 효율을 극대화하고 있다. 그래서 나는 아침 5시 이전에 일어나 출근 전에 운동도 하고 독서 등을 한다. 그리고 업무 종료 후에는 자기계발이나 개발을 위해 끊임없이 노력을 해나가고 있다.

- ■ <u>역경과 고난을 좋은 배움의 기회로 삼아라.</u>
- ■ <u>성공하는 사람들의 생활 모습을 배워야 한다.</u>
- ■ <u>일의 효율을 극대화 하라.</u>

반복의 비밀

1925년 프랑스에서 태어난 질 딜루즈(Gilles Deleuze) 씨는 소르본 대학을 졸업하고 리용 대학 강사를 거쳐서 1970년 파리 제8대학 교수가 되었다. 철학·문학·과학을 강의하고 1987년 퇴임한 후에는 줄곧 좌파를 옹호하며 집필과 방송활동을 했다. 구조주의 등 1960년대의 서구 근대 이성의 재검토라는 사조 속에서 철학사에 대해 깊은 이해를 배경으로 서구의 2대 지적 전통인 '경험론적 관념론'이라는 사고의 기초형태를 비판적으로 해명하며 1968년 차이와 반복에서 이 문제를 극복하는 문제를 전개했다.

질 딜루즈 씨는 자신이 쓴 「차이와 반복」이라는 책에서 그 내용을 잘 정리하였다. 구체적인 내용이야 언급하지 않더라도, 대략적인 의미는 다음과 같다. '사람이 살면서 일어나는(반복되는) 일 중에서 동일한 것은 없다'

오늘의 태양은 어제와 다르고, 오늘의 나도 어제와 다르다. 즉, 우리는 하루를 반복한다고 하지만 꼭 기억해야 하는 것은 동일한 반복은 아니라는 의미이다. 직장 생활을 하면서 많은 동료들이 술좌석에서 하는 단골 메뉴는 "직장 생활은 너무 지겨워", "매일 똑같은 일의 반복이잖아", "매일 출근하고, 퇴근하는 나의 모습이 다람쥐 같아", "뭔가 새로운 것이 없나?", "이러다가 나는 바보가 되는 것이 아닐까?" 등.

매일 아침 일어나서 씻고, 출근하고, 회의하고, 점심 먹고, 고객 만나고, 퇴근하는 것을 지겨워하는 우리에게 질 딜루즈 씨는 이야기하고 있다. 오늘은 어제와 다르다고. 오늘의 나는 어제의 나와 다르다고 우리는 이미 발전하고 있다. 다만, 자신만 그것을 모를 뿐이다.

어제의 경험을 통해서 오늘의 우리는 이미 새롭게 태어난 것이고, 우리가 먹은 점심은 분명 어제의 점심과 다르다. 내가 스스로 발전하고 있음을 알지 못하므로, 나는 정말 다람쥐처럼 살게 되는 것이다.

눈을 들어 다시 나를 살펴보자. 매일 똑같은 일을 하면서 살아온 것 같지만, 어느덧 늘어난 흰머리와 눈가의 주름이 나에게 말하고 있는 것을 들여다보자. 우리는 매일 발전하고 있고, 조금 더 현명해지고 있다.

단지, 이미 진행되고 있는 진실을 아는 것만으로 우리의 삶은 새로운 의미로 나에게 다가온다. 지겨운 하루의 시작에서 새로운 하루에 대한 기대로, 똑같은 일상의 반복에서 좀 더 현명하게 대처하는 일상의 반복으로, 새로운 것을 원하는 일상에서 이미 벌어지고 있는 새로움을 발견하는 일상으로, 질 딜루즈의 지혜가 담긴 '차이와 반복'을 통해 현대 사회를 살아가는 직장인에게, 진정한 삶의 의미를 우리가 가지고 있고, 오랫동안 누려왔던 오늘의 가치와 의미를 찾는 것임을 알게 될 것이다.

항상 틀에 박힌 일정한 방식이나 태도를 취함으로써 신선함과 독창성을 잃게 되고 '타성'으로 순화되는 것을 우리는 매너리즘에 빠진다고 말한다. 똑같은 일을 반복하면 지겹고 힘들기 마련이다.

나는 정년 후 '측정불확도 공학'이라는 과목으로 대학과 교육전문기관에서 강의를 하고 있다. 특히 교육전문기관의 교육 참가자 학력수준은 고등학교 졸업자에서 대학원 졸업자까지 다양한 층으로 구성되어 있다. 그래서 강의하기가 쉽지가 않았다. 너무 쉽게 강의하면 강사의 수준이 문제가 되고 너무 수준을 높이면 어렵다고 아우성이니 말이다.

강의 내용은 통계 측정불확도 평가 이론인데 강의 내용 자체가 통계나 수학적인 내용이 많다. 그래서 대체로 수강생들이 어렵게 느끼고 있는 과목이다. 그렇지만 할 것은 제대로 해야 하지 않은가?

나는 한 교육기관에서 2년 동안 똑같은 과목을 강의하였는데 한 달에 한 번 아니면 두 번 정도 매 강의가 반복되면서 내용이 보강되었고 해를 거듭할수록 깊이가 더해졌나 보다. 강의를 시작한 지 2년 가까이 되니 수강생들이 너무 어렵다고 강의에 대한 평가를 한 모양이다. 그래서 더는 그 과정에 대한 강의를 맡지 못하고 대학 졸업자 과정만 강의하고 있다.

물론 나의 잘못이 있다면 학생의 수준보다 교육 내용을 충실히 준비한 결과이다. 그러나 수강생의 불만은 교육기관 운영에 문제를 야기한다. 다른 한 측면은 학생의 수준에 강의 내용을 맞추다 보니 항상 교육은 발전이 없고 다람쥐처럼 똑같은 내용을 반복한다는 것이다.

요사이 대한민국은 크고 작은 사건 사고가 끊임없이 일어나고 있다. 이러한 일들을 보면서 생각나는 것이 있다. 어떤 규정이나 지침을 제대로 준수하지 않고 적당히 한다는 것이다. 뇌물이 작용하면 위조 성적서도 통하고 안전점검을 통과한 지 한 달도 지나지 않았는데 장비가 작동하지 못하고 고장이나 사고가 유발되는 현실을 보면서 교육도 제대로 된 교육을 실시해야지 학생의 수준에만 맞춘다면 시험이나 교정 분야의 품질보증 활동은 형식적인 것이 될 것이다.

만약 대학원 과정의 교육 내용이 어렵다고 대학원 학생에게 학부 수준으로 강의한다면 대학원 과정을 공부하여도 여전히 학부 과정을 이수한 학생에 불과할 것이다.

어떤 규정을 지키지 않고 나타나는 사고나 비리는 빙산의 일각이 아닐까 우려되지만, 이번 세월호의 사고를 거울삼아 교통법규나 국가가 실시하는 모든 평가나 규정을 잘 준수하고 형식적이지 않고 위조나 불법 및 봐주기 식의 행위가 근절되는 계기가 되어 안전하고 신뢰를 회복하는 대한민국이 되기를 희망한다.

- 똑같은 것을 반복하면 발전이 없다.
- 교육을 학생의 수준에 둔다면 발전이 없다.
- 반복하면 쉽게 보지 못하는 것을 볼 수 있다.

남들과 다른
삶을 살라

새벽은 하루를 여는 시간이지만 대부분의 사람들에게는 곤한 잠에 빠져 있는 시간이기도 하다. 전날의 피로가 아직 풀리지 않은 사람이나 모처럼 밤늦게까지 술을 마신 사람들에게 다음날 새벽은 아무래도 깊은 잠에 빠져 있을 수밖에 없는 시간이다.

그러나 이렇게 이른 시간에 새벽 첫차를 타는 사람들도 있다. 어떤 사람들일까? 오전 9시까지 출근하는 직장인들은 아주 먼 거리가 아니면 보통 7시 30분에서 8시쯤이면 출근을 서두른다.

정류장에서 첫차를 기다리는 사람들을 살펴보면 대부분 나이가 많은 사람들이다. 60~70대의 사람들이 많고 50대들도 간간이 섞여 있다. 어쩌다 젊은 사람들도 하나 둘 끼어 있는데, 이런 젊은이들은 아침 일찍부터 공부하러 가는지 책가방이 묵직해 보인다. 나는 이들에게 새벽 일찍 일어나 일하러 나가는 것이 귀찮지 않으냐고 넌지시 물어보았다. "귀찮기는요? 이 나이에 일할 수 있는 것이 얼마나 고맙고 감사한 일인지!"

　새벽 첫차를 타는 사람들의 모습은 그런대로 다양했지만 거의 대부분 아침 일찍 일터로 나가는 노인들이었고, 공부에 열심인 일부 부지런한 학생들이 주를 이루고 있었다. 특이한 것은 이렇게 새벽 첫차를 타고 출근하는 노인들이 피곤해 하거나 스스로 불행하다고 생각하지 않고 감사하며 행복해한다는 사실이었다.

　나는 연구소를 다니면서 석사와 박사과정을 마쳤다. 근무위탁을 통하여 공부하였기에 근무하지 못한 시간에 야근을 하든지 아침 일찍 출근해야 했다. 이 경우는 주로 아침 첫차를 이용하여 근무시간을 보충하였다. 물론 빠진 시간 이상으로 근무하였다.

　이렇게 첫차로 출근하는 것이 습관화되어 학위가 끝난 후, 정년을 맞이하는 순간까지 첫차로 출근해 근무하였다.

　첫차를 타고 근무하기란 결코 쉬운 일이 아니다. 특히 시간을 지켜야 하고, 동절기 때는 별 보고 나가 다시 별 보고 들어온다는 느낌도 많이 받았다. 한겨울에는 너무 춥기도 하지만 어두워 앞이 잘 안 보일 때도 있었다. 그러나 나와의 약속을 지키기 위하여 연구소 생활 34년 중 20년 이상을 첫차를 탔는데 한 번도 차를 놓친 적이 없다.

　첫차로 출근하면 하루에 약 2시간 30분 정도 남들보다 일찍 근무를 시작하는 것이다. 야근을 하는 날에는 14~15시간을 직장에서 보내게 된다. 처음에는 빠진 근무시간을 보충하기 위하여 의무감으로 일을 하였지만 10년 이상은 자발적으로 첫차를 이용하여 근무하였다. 아침 일찍 아무도 없는 공간에 앉아서 하루 일과를 생각하고 그날 처리해야 할 내용을 메모해 둔다.

그리고 일과 중 처리하지 못한 일이나 연구 과제를 수행하면 아침 시간이 일과 시간보다 2배 이상 근무 효과를 낼 수 있었다. 아침은 참으로 귀한 시간이다. 일하면서 때로는 20분 정도 조깅으로 건강을 단련하기도 하였다.

연구소를 떠나 새 직장에서도 일주일 중 하루는 대학에 강의를 나갔기 때문에 자발적으로 첫차를 타고 출근을 하였다. 서울에서는 지하철을 이용하기 때문에 내가 시간만 지키면 언제나 출근이 가능하다. 시간을 어기는 일도 없어 조금 편안하게 출근할 수 있어 좋다. 세 번째 직장에서도 첫차를 4년 째 타고 있다.

첫차를 타는 이유는 정시 출근보다 나에게 더 유익하기 때문이다. 앞으로 근무하는 날까지 첫차를 탈 계획이다. 근무가 끝난 이후에도 마음의 첫차를 생각하고 있다.

- 다른 사람과 좀 다른 삶을 살아야 차별화를 이룰 수 있다.
- 좋은 기회는 편안한 것에서 찾을 수 없다.
- 달리는 것이 힘들어도 다리와 심장을 강하게 한다.
- 마음의 첫차는 근면과 성실을 의미한다.

거북으로만 살지 말라

'자기개발'과 '자기계발'이란 용어가 있다. '개발'과 '계발'의 뜻을 알아보면, '자기개발'은 '자기에 대한 새로운 그 무엇을 만들어 내는 것, 또는 자신의 지식이나 재능 따위를 발달하게 하는 것'을 말한다. 그리고 '자기계발'은 '잠재되어 있는 자신의 슬기나 재능, 사상 따위를 일깨 우는 것'으로 상상력 계발, 외국어 능력 계발 등 평소에 자기계발을 계속한 사람은 좋은 기회가 왔을 때에 그것을 잡을 수 있다와 같은 의미로 쓰인다.

이솝 우화에서 토끼와 거북이 경주하여 거북이 이긴다. 토끼는 거북보다 영리하고 민첩하다. 그런데 어째서 거북이 이기는 것일까? 우화에서는 영리하고 민첩한 토끼의 자만심을 패인으로 꼽는다. 세상의 삶도 자만심 내지 교만함은 사물을 바라보는 냉정함을 잃게 하여 큰 손실을 빚어내는 내부의 적이 아닐 수 없다.

영리함에 대해 생각해 보면 영리하다고 하는 것은 사물의 변화를 민감하게 받아들이고, 받아들인 정보를 분석적으로 가공하여, 구체적인 행위를 하게 하는 현상으로 볼 수 있다.

　결국 토끼는 영리함과 민첩함이란 속성이 결합되어, 먼 길을 의미 없이 뛰어다니게 된다. 자만심은 인생의 삶에서 실패로 가는 지름길이 분명하다. 거북처럼 세상을 대상으로 자신의 영리함을 시험하지 않는 겸손함이 있어야 한다.

　그러나 목적지가 어딘지 분명히 아는 지혜가 없다면 겸손은 소용이 없게 된다. 거북은 분명히 목적지가 어딘지 아는 지혜가 있었다. 겸손은 자신이 세상 삶보다 영리하지 않다고 인정하는 순간 얻게 될 것이다.

　토끼나 거북은 태어나면서부터 토끼이고 거북이다. 이 말은 자신에게 주어진 환경이 이미 정해져 있다는 것이다.

　사람들도 태어날 때부터 건강한 자, 그렇지 못한 자, 남자, 여자, 부자와 가난한 자, 머리가 영리한 자 등 다양하게 서로 다른 환경이나 조건을 갖게 된다.

　그런데 토끼로만 사는 토끼가 있고 거북으로만 살지 않는 거북이 있다. 토끼로만 사는 토끼는 자기개발이나 계발을 하지 않고 부모로부터 물려받은 대로 사는 것이다. 자신의 단점을 보완하거나 반성하지 않는 것이다. 그런 이는 영원히 거북과의 경주에서 지는 삶을 살게 될 것이다.

　토끼는 경주에서 실패하였을 때 왜 실패를 했을까를 반성하며 다음 경주에 대해 대비를 해야 한다. 거북도 자신이 잘 할 수 있는 분야를 계발할 경우 태어날 때부터 토끼보다 느린 자신의 한계를 극복하고 토끼를 이길 수 있어 항상 거북으로만 살지 않을 것이다.

「작은 물줄기」라는 책에서 거북과 토끼의 경우에 대하여 제5막까지 기술되어 있는데 이는 우리에게 성공적인 삶의 지혜를 주고 있다.

우리는 어릴 때부터 경쟁이라는 틈바구니에서 살고 있다. 물론 태어나자마자 삶의 환경이 설정되어 있는 것도 사실이다.

거북은 토끼보다 달리는 능력이 떨어진다. 그렇지만 천천히 그리고 착실하게 살아가면 자신보다 우월한 토끼를 이길 수 있다는 이야기가 우화도 있다. 거북도 자기가 잘할 수 있는 부분을 계발하면 토끼를 이길 수 있는 삶의 환경을 만들 수 있게 된다.

우리도 태어나면서 물러 받은 삶의 환경에 자만하거나 불만으로 자기 스스로 포기한다면 어떠한 경주에서도 이길 수 없을 것이다. 그러나 우리의 이웃과 비교하여 부족하거나 열세인 부분은 자기개발이나 자기계발로 꾸준히 연마 한다면 어떠한 경주에서도 승리의 순간을 맞볼 수 있게 될 것이다. 우리는 절대로 태어난 환경에 자만이나 불평을 해서는 안 된다.

옛날에는 '개천에서 용이 난다'는 표현을 하곤 했다. 그런데 지금은 그런 이야기가 통하지 않는다고 한다. 무슨 말인가 하면 옛날에는 자신만 노력하면 자기개발이나 계발을 쉽게 이룰 수 있는 데 반해, 지금은 태어날 때부터 환경에 의해 결정되는 것이 많아 바꾸기가 쉽지 않거나 불가능하다고 말한다.

예를 들면 옛날에는 부자가 아니어도 자신만 열심히 노력하면 대학을 나오지 않고도 고시 등에 합격해 출세하고, 공부를 많이 못 해도 사업에 성공하여 대기업 총수가 된 사례도 많았다는 것이다. 그런데 지금은 어릴 때부터 영어나 수학 등 과외를 하는데 수백만 원의 비용이 드니 거북이로 태어나면 힘들다는 말이다.

물론 부분적으로 옳은 말일 수도 있다. 그러나 성공한 사람들의 부모는 모두 부자일까? 그건 아닐 것이다.

오늘날 부자로 태어난 사람은 모두 성공한 삶을 살고 있을까? 물론 부모가 부자면 후광을 입을 수도 있을 것이다. 그러나 비록 부모가 부자가 아니더라도 자기개발과 계발을 꾸준히 하면 성공하는 삶을 살 수 있다. 성공은 부모나 시간 및 세월에 의해 결정되는 것이 아니라 자신의 노력과 생각에 따라 결정된다.

- 성공은 부모나 시간 및 세월에 의해 결정되는 것이 아니다.
- 자기개발과 계발로 승리의 삶을 만들 수 있다.
- 거북으로 태어나도 토끼를 이길 수 있다.
- 태어난 환경에 자만이나 불평을 하지 말라.

성공을 먼저보라

예전에는 도전이 모험을 좋아하는 사람들만 할 수 있다고 생각했다. 하지만 언젠가부터 도전은 누구나 할 수 있다는 것을 알게 되었다. 일반적인 사람들은 원래 도전을 좋아하지 않는다. 보통은 도전하지 않고 제자리에 안주하면서 사는 것을 좋아한다. 그렇지만 도전하지 않으면 후퇴한다는 것을 알게 될 것이다. 우리가 사는 세상은 너무도 빠르게 변하기 때문에 도전이 없다면 삶의 재미가 없고, 발전과 성공도 이루기 힘들 것이다.

'도전에 성공하는 비결은 어떤 일이든 결단코 포기하지 않는 것'이라고 디오도어 루빈은 말했다. 산다는 것은 죽는 위험을 감수하는 일이며, 희망을 가진다는 것은 절망의 위험을 무릅쓰는 일이고, 시도해본다는 것은 실패의 위험을 감수하는 일이다. 인생에서 가장 큰 위험은 아무것도 감수하지 않는 일이기 때문이다. 인생의 의미는 구체적 상황으로 당면하는 도전에 자신을 내맡김으로써 발견할 수 있다.

어떤 일에 도전했다가 실패하면 책임을 져야 한다는 두려움 때문에 도전조차 하지 못하고 포기해 버리는 경우도 많이 있다. 이러한 사람들은 성공을 보기 전에 실패부터 먼저 보기 때문이다.

나는 항상 실패보다 성공을 먼저 보았던 것 같다. 포구 속도 측정용 솔레노이드 코일 시스템을 개발하면서, 특히 8조각으로 된 센서프레임을 조립식으로 만들려면 금형을 만들어 플라스틱 사출을 해야 했다. 그런데 나는 금형의 설계나 제작 같은 것은 잘 몰랐다. 모른다고 포기해야 하는가? 그렇지 않다. 모르면 잘 아는 사람에게 배우고, 그것이 어려우면 다른 사람의 기술을 사업에 활용하면 되는 것이다.

그래서 센서프레임 제작을 위해 고민하던 중 ○○시험장 내 공작실이라는 부서에 가서 나의 구상을 이야기해 보았다. 마침 그 부서에 근무 중인 한 분이 자신이 금형 설계 및 제작 경험이 있다고 말씀해주셨다. 사업을 진행하는데 천군만마를 얻은 기분이었다. 왜냐하면 불확실한 사업인데다 금형까지 제작할 경우, 외부에 있는 금형을 전문적으로 제작하는 곳을 이용해야 하는데 비용이 만만치 않아 쉽게 일을 시작할 수 없는 처지였기 때문이다.

그렇게 그분의 도움으로 금형 설계와 제작을 자체적으로 수행하여 큰 비용을 들이지 않고 20인치와 30인치 코일센서의 금형을 성공적으로 제작해 내가 원하는 코일센서를 개발할 수 있었다. 개발된 센서는 조립이 가능하여 파손 시 정비가 용이하고 대량생산이 가능할 뿐만 아니라 비용이 저렴한 장점이 있었다.

아마 이와 같은 제작 과정이나 장점을 지닌 코일센서는 우리가 세계 최초로 만든 것이다. 나는 지금도 금형을 설계하고 제작에 참여해 준

그분을 잊을 수가 없다. 아마 영원히 기억하고 감사하는 마음은 변함이 없을 것이다.

솔레노이드 코일 시스템 중에 포탄을 자석화 시키는 장비가 '자화[15]기'이다. 자석이 원형 코일을 통과할 때 신호가 검출되는 원리를 이용하기 때문에 시험 전에 시험 탄을 자화시켜야 한다. 처음에는 외국에서 구매한 기존 자화기와 유사한 자화기를 개발하여 실용화에 성공했다. 그런데 기존 자화기는 너무 무겁고 사용하기가 불편할 뿐만 아니라 자화기를 운반하고 탄을 자화시킬 때 작업자의 허리에 무리가 가지 않도록 조심하여야 했다. 이 문제를 해결할 방법이 없을까 하고 깊이 고민한 끝에 고안해 낸 것이 휴대용 자화기이다.

자화의 원리는 포탄의 신관과 탄미 방향에 직각으로 전류를 흘려 신관과 탄미 방향으로 자력선이 생겨 N극과 S극이 형성되고 포탄이 하나의 자석이 되는 것이기 때문에 자화 시 포탄을 세운 상태에서 신관 부분에 자화기를 올려놓고 자화해도 기존 방법과 동일한 자화 효과가 있을 것으로 생각하였다. 그 방법이 가능할지 궁금하여 가슴이 뜨거워지는 것을 느낄 수 있었다. 그래서 출근하자마자 실험실에서 신관에 올려놓을 수 있는 초소형 자화기 틀을 만들기 시작하였다. 간이형의 자화기 틀 위에 에나멜 동선을 감고 전류를 흘러주기 위한 제어기를 완성하고 신관 부위에 자화기 코일 부분을 올려놓고 자화한 후 자화의 세기를 측정하였더니 기존의 자화기보다 자화의 세기는 조금 약했지만 문제가 될 것이 없겠구나 하는 판단이 들었다.

---

15 자화(磁化 : magnetizing) : 자기장 안의 물체가 자기(磁氣)를 띠게 하거나 또는 그 결과로 생긴 단위 부피당의 자기 모멘트를 말한다.

초소형 자화기를 실제 사격시험에 적용해 보기로 하였다. 결과는 대성공이었다. 기존의 자화기와 동일한 성능을 내기 위해 코일의 회전수와 저항값, 전류의 세기를 조절하여 규격에 맞는 자화기 개발에 성공할 수 있었다.

기존의 자화기는 무게가 45kg 정도인데 휴대용 자화기의 무게는 3.2kg이어서 휴대가 가능하고 무거운 탄을 자화기에 삽입할 필요도 없이 휴대용 자화기를 탄의 신관 부위에 올려놓고 자화하는 방식이기 때문에 기존 자화기가 안고 있는 문제가 완전히 해결되어 지금도 널리 이용되고 있다. 아마도 이와 같은 방식의 자화기는 국내외 유일한 자화 장치라 생각한다.

연구소를 퇴임하고 재취업한 회사에서 솔레노이드 코일을 이용한 포구 속도 측정 시스템에 대한 연구를 계속하였다. 다시 연구를 시작한지 2년이 지난 지금, 센서프레임은 레이저 가공기술을 이용하여 조립형이 아닌 일체형으로 개발이 완료되었고, 전자회로의 간략화와 최신형 부품으로 부피를 반으로 줄인 속도 계산기를 실용화시켜 선진국보다 성능이 더 우수한 포구 속도 측정기를 개발하게 되었다. 이 제품은 2014년 국방 신기술 전시회에 출품하여 많은 호평을 받았다.

■ 도전은 세계 최고의 제품을 만들 수 있는 기회를 준다.
■ 도전이 없는 삶이 재미가 없고 발전과 성공도 없다.

끝까지 인내하라

어떤 일이든지 자신이 좋아하는 일이 아니라면 끈기 있게 일을 수행하기가 쉽지가 않다. 하지만 세상을 살면서 자신이 좋아하는 일만 할 수는 없다. 이러한 일 때문에 많은 분이 고민과 걱정을 한다.

오늘날 대부분의 사람들이 즉각적인 결과를 얻지 못한다고 하여 금방 낙심하며 꿈과 목표를 포기해 버린다. 그러나 그것은 너무나 성급한 것이다. 그리고 그런 사람들 중 많은 이들은 이제 막 싹이 트고 번창할 시점에 꿈을 포기해버리는 경우도 있다. 반드시 인내심을 가져야 한다. 부지런히, 꼼꼼하게 일을 처리한다면 언젠가는 당신의 때가 찾아온다.

그 누가 알아주지 않는다 해도 그것은 문제 되지 않는다. 당신이 알고 그것을 이루기 위한 인내심을 갖고 있다는 게 중요할 뿐이다. 부정적인 사람들은 오랫동안 꿈을 숙성시켰다가 갑자기 실현시킬 수 있다는 것을 믿지 않는다.

인내와 끈기[16]는 한 번 참고, 두 번 참고, 계속 참아내다 보면 만들어지는 훌륭한 성품이다.

예를 들면 갓난아기는 인내와 끈기가 없다. 배고프면 바로 울지만 자라면서 참을성을 배운다. 불편한 것을 참지 못하지만 점점 참을성을 배우게 되는 것이다. 지혜로운 엄마들은 가끔 배가 고파도 조금만 기다리라 하고 일부러 천천히 밥을 줄 수도 있으며 장난감을 갖고 싶어 하지만, 당장 사주지 않고 '생일 때 사줄게'라고 말하며 인내심을 길러준다. 엄마는 아이가 원하는 것이 무엇이든 당장 주고 싶지만 아이의 원만한 성격 형성을 위해 조금씩 늦게 아이의 마음을 만족시키는 것이다.

화를 세 번 참으면 살인도 면한다는 속담이 있다. 모든 일 중 화를 참는 인내심만큼 어려운 일도 없을 것이다.

미국의 빌 포드라는 사람은 뇌성마비로 태어나 어머니의 전적인 사랑과 격려에 힘입어 생활용품 회사인 '왓킨스'라는 기업의 방문 판매사원으로 취직하게 된다. 빌은 오른손을 제대로 사용하지 못했고 굽은 등은 늘 아팠으며 말도 제대로 할 수 없었지만 매일 여덟 시간 15km를 걸으며 100여 곳의 문을 두드렸다.

그는 매일 아침 4시 45분에 일어나 3시간 동안 나갈 채비를 하고 7시 20분이 되면 시내로 나가는 버스를 탔다. 시내에 도착하면 자신이

---

16 인내와 끈기 : 인내와 끈기를 의미하는 사자성어는 마부작침(磨斧作針) 즉 도끼를 갈아서 바늘을 만든다는 뜻인데. 어려운 일이라도 참고 계속하면 언젠가는 반드시 성공하거나 끈기 있게 학문이나 일에 힘씀의 비유이다.

활동할 지역으로 가는 버스를 8시 30분에 탔고, 9시경 버스에서 내리면 그때부터 그의 세일즈가 시작되었다.

일기예보에 다음날 32도가 넘을 거라고 방송이 되면 '그 정도면 선선하지'라고 생각을 했다. 폭설로 길바닥이 빙판길이 되어도 아랑곳하지 않고 나갔다. 오히려 '날씨가 안 좋은 날이야말로 사람들이 집에 있기 때문에 세일즈에 더없이 좋다'고 여겼다. 그렇게 24년을 세일즈에 전념한 그는 '왓킨스' 사의 최고 '판매왕'이 되었고 지금까지 그 기록이 깨지지 않는다고 한다.

대부분의 직장인들은 자신의 연봉이 적다고, 근무지가 시골이라고 불평하며 더 나은 연봉이나 대도시로 이직하는 경우가 많다. 자신이 그 조직에 어떤 영향력을 나타내는지 보다는 좋은 처우만 먼저 생각하는 것 같다.

내가 평생 근무한 곳은 서울에서 버스로 3시간 30분 이상 소요되는 충청남도 태안군 바닷가에 위치해 있는 오지였다. 초창기는 비포장도로에 길도 좁고 굽어 서울까지 가는데 많은 시간이 소요되었다. (지금은 길이 좋아져 2시간이면 가능하다) 오지에 근무하는 대다수의 사람들은 이런 근무 환경을 좋아하지 않았다. 그래서 연구원의 경우 대전에 있는 본소로 전보를 원하거나 공부를 더 하기 위해 직장을 그만두고 떠나는 이도 적지 않았다.

그러나 나는 그곳에 갈 때 '당신은 이 조직에 꼭 필요한 사람이니 와야 한다'는 말 때문에 쉽게 떠날 수 없었다. 나를 조금이나마 인정해주는 곳이라고 생각하여 여기서 견뎌내며 인내의 열매를 맺기로 마음

먹고 34년이란 긴 세월을 한곳에서 근무하게 되었다. 연구소는 부서장 임기가 3년으로 되어 있다. 연임도 가능하지만 최고 책임자가 바뀌면 조직 개편이 되어 조직과 부서장이 변경되곤 한다.

내가 맡은 부서는 연구원들이 입소하면 10년 이상 근무하는 사람이 드물었다. 부서장을 다른 사람으로 변경하려고 해도 후임자가 마땅하지 않아 나는 15년 이상 부서장을 역임했다.

이러한 환경도 내가 오랫동안 한 부서에서 일하게 된 원인이기도 했다. 나는 시골이라고 불평한 적이 단 한 번도 없다. 내가 좋아하는 일에 몰두하였기 때문에 34년이 언제 그렇게 빨리 지나갔나 싶을 정도였다.

성경에 야곱이 아리따운 아내를 얻기 위해 '7년을 하루같이'라는 구절이 있듯, 나도 이 시골 오지에서 근무하는 동안 지겹거나 힘들다고 느낀 적이 단 한 번도 없었다고 생각한다.

- 일 년을 하루 같이 살 수만 있다면 성공적인 삶을 사는 것이다.
- 복이란 능동적으로 주도하는 사람에게 찾아오는 선물이다.
- 기회는 잡는 자 만이 결실을 맺을 수 있다.
- 인내(忍耐)는 역경을 극복할 수 있다.
- 부지런히 준비하면 언젠가는 당신의 때가 찾아온다.

젊은 피를 유지하라

혈액은 크게 혈구와 혈장으로 나누어진다. 혈구는 적혈구, 백혈구 및 혈소판으로 이루어져 있고, 혈장은 주로 수분으로 이루어져 있으며 여기에 생명 유지에 필수적인 혈액응고 인자, 전해질 등이 포함된다.

주된 역할은 각종 물질의 운반이며, 폐에서 섭취한 산소나 소화관에서 흡수한 영양소 등을 전신으로 보내고 세포에서 만들어진 탄산가스나 노폐물을 운반해서 폐, 신장, 피부 등을 통해 몸 밖으로 배설한다. 또 골격근이나 간과 같이 열 생산이 왕성한 곳에서 다른 부분으로 열을 옮겨서 체열(體熱)의 분포를 균등하게 하는 역할을 한다. 림프와 함께 체내의 면역체계에도 관여하고 있다.

인간의 전체 혈액량은 약 46ℓ 정도이며, 체중의 약 8%를 차지하고 있다. 물을 마시거나 적은 양의 출혈이 있을 때도 혈관 속을 순환하는 혈액량은 자율적으로 조절되어 전체 혈액량이 항상 일정하게 유지된다. 대량의 물을 마셨을 때 수분은 곧 혈액에서 조직으로 나가거나 신장을 통하여 배설된다.

혈액과 같은 삼투압의 식염수를 생리적 식염수라 한다. 만약 혈액보다 낮은 삼투압의 식염수에 혈액을 넣으면 혈구 속에 수분이 빨려 들어가 부풀어 마침내는 파괴되며 이를 용혈(溶血)이라 한다.

반대로 혈액보다 높은 삼투압의 식염수 안에서는 혈구 속의 수분이 밖으로 나와 혈구가 오그라든다. 혈액의 pH는 약 7.4로 알칼리성이다. 생체 내에서는 끊임없이 물질대사가 진행되고 있으며 탄산가스나 인산 등이 대사산물로 생성되고 있음에도 불구하고 혈액의 완충작용에 의하여 pH는 항상 일정치를 유지하고 있다.

혈액은 우리 몸의 어느 한 곳에 머물지 않고, 심장에서 시작하여 동맥, 모세혈관, 정맥을 거쳐 다시 심장까지 온몸을 돌고 돈다. 이렇게 혈액이 지나가는 길을 혈관이라고 하며, 우리 몸의 혈관을 모두 연결하면 12만㎞나 된다. 이것은 고속도로를 타고 서울과 부산을 약 200번 정도 왕복하는 길이이다.

혈관의 종류는 동맥, 모세혈관 및 정맥이 있다. 동맥은 혈액을 심장에서 몸의 각 부분으로 보내는 혈관이다. 심장의 강한 압력을 견딜 수 있도록 두껍고 탄력 있는 근육 층으로 발달되어 있고 동맥을 흐르는 혈액에는 산소와 영양분이 많이 포함되어 있다.

모세혈관은 동맥의 혈액이 온몸 구석구석까지 닿을 수 있게 그물처럼 뻗어 있는 혈관이다. 하나의 세포층으로 이루어진 얇은 벽을 통해 산소와 이산화탄소, 영양분과 노폐물이 교환된다. 정맥은 이산화탄소와 노폐물을 얻은 혈액이 모세혈관을 빠져나와 심장으로 돌아오는 혈관이다. 심장에서 멀리 떨어져 있어 혈액의 흐르는 힘이 약하기 때문에, 혈액이 거꾸로 흐르지 않게 하는 정맥 판막을 가지고 있다.

사람은 혈액순환을 통하여 생명 유지에 필요한 각종 에너지를 공급받고 불필요한 것을 배출시킨다. 즉 혈액순환을 통하여 산소나 영양분. 그리고 각 장기에서 만들어진 호르몬, 효소, 각종 중간대사 산물 등을 인체의 각 부분으로 운반, 공급하고 역으로 이산화탄소나 각종 노폐물 등의 신진 대사 물을 배출하도록 도와주는 것이다.

혈액순환 장애 원인은 혈관이 좁아지거나 막히는 경우 혈액순환이 잘 안 된다. 특히 콜레스테롤이나 중성지방이 혈액 속에 많이 있으면 혈액 속의 지방과 섬유소들이 혈관 벽에 달라붙어 동맥의 내막이 거칠어지고 탄력을 잃게 되며, 손상을 받고 궤양을 만들게 된다. 그런 곳에 노출된 콜라겐에 혈소판이 접촉하여 응집을 일으키면서 혈관을 막게 되는 것이다. 두 번째로 혈액의 점도가 높아지면 혈액순환이 잘 안 된다.

혈액 속에 콜레스테롤이나 지방이 많아지면서 혈액의 점도가 높아져 죽상 경화증이 발생한다. 이렇게 되면 혈액이 잘 돌지 않게 된다. 세 번째로 비정상적인 혈압의 경우에도 혈액순환이 잘 안 된다.
혈압이 지나치게 높은 고혈압이거나 지나치게 낮은 저혈압의 경우에도 혈액순환이 잘 되지 않는다.

혈액순환 장애 증상으로 혈액순환이 안 되는 정도가 높으면 사망에 이르기도 한다. 대부분의 경우에는 가벼운 증상으로 손발 저림, 냉 감,

주부 건망증, 기억력 감퇴, 만성두통, 어지럼증, 수족냉증 등이 있다.

혈액순환 장애가 높아 성인들에게 나타날 수 있는 순환기 질환 5가지는 고혈압, 동맥경화증, 뇌졸중, 당뇨병, 심장병이 있다.

혈액순환의 문제를 일으키는 원인은 모세혈관을 막는 어혈이 문제이다. 어혈을 제거하면 질병 예방 및 치료도 가능하며 젊은이와 같이 힘이 좋아 지고 나이보다 젊게 살 수 있다.

피가 탁해지는 것은 마치 자동차 엔진 오일을 넣고 만 킬로미터 정도 달리면 차가 힘이 없어지는 것과 같다고 보면 된다. 그 때 다시 엔진 오일을 교환하면 힘이 좋아진 것을 느낄 수 있을 것이다.

- 혈액순환 문제는 모세혈관을 막는 어혈이 주요 원인이다.
- 어혈을 제거하면 모든 질병의 예방 및 치료도 가능하다.
- 젊은이는 피가 깨끗하기 때문에 힘이 좋은 것이다.
- 혈액순환이 잘 되면 모든 병이 해소 된다.

봄이 다시
돌아오게 하라

건강한 사람도 70대가 되면 몸의 어딘가에 이상이 생긴다.

심장질환과 관절 등 하체가 약해지는 경우도 많다. 그밖에 당뇨병 고혈압 전립선비대증 등으로 고생한다. 또 불면증을 호소하는 경우도 적지 않다. 이럴 경우 대부분 경우 병원을 찾거나 약을 복용한다. 그러나 이러한 병은 심신수련을 통해 혼자서 고치거나 예방할 수 있다. 수천 년 전부터 내려오는 우리 조상들의 전통 심신수련법의 하나인 '발끝 부딪히기'가 그중 하나다.

발끝 부딪히기를 매일 200번씩 하는데 소요 시간은 약 2분 정도면 된다. 두어 달쯤 지나면 무릎은 물론이고 다리 힘이 상당히 좋아져 행동도 민첩해진 것을 느낄 수 있다.

많이 걷거나 무리한 운동을 하고 나면 허벅지와 종아리가 당기고 쥐가 나곤 한다. 발끝 부딪히기를 3개월 정도 하면 그런 증상이 모두 사라지고 잠도 잘 잘 수 있게 된다.

발끝 부딪히기를 처음에는 200번에서 500번으로 그리고 5개월 뒤에는 1,000번으로 숫자를 차츰 늘려나간다. 그리고 아침 잠자리에서 일어나기 전에 1,000번, 잠자리에 들기 전에 1,000번씩 규칙적으로 한다. 가끔은 저녁 뉴스 시간에 TV를 시청하거나 여가시간에 발끝 부딪히기를 즐긴다. 이렇게 하면 천천히 해도 하루에 3,000번 정도는 족히 할 수 있다. 발끝 부딪히기를 하면 혈액순환이 잘되기 때문에 몸 전체가 건강해진다.

발끝 부딪히기를 일 년 이상 지속하면 시력이 좋아져 안경을 쓰지 않고 책을 볼 수 있고, 눈이 흐릿해지는 증상도 사라진다. 중요한 것은 꾸준히 하루도 빠짐없이 하는 것이다.

발끝 부딪히기는 비가 오거나 눈이 와도 실내에서 (앉거나 누워서도) 할 수 있는 가장 간편하고 효과적인 심신수련법이다.

하루 1,000~5,000번 이상 발끝 부딪히기를 한다. 발끝 부딪히기를 통해 우리 몸의 모든 기능이 되살아나는 것은, 태어날 때부터 내면에 간직된 내부의 힘이 작용하기 때문이라고 한다. 어떤 분은 이 내부의 힘을 자연치유력 이라고 한다.

발끝 부딪치기 요령

– 다리와 팔을 편안하게 내려놓고 눈을 감는다.

– 어깨와 팔 및 다리 등의 긴장을 푼다.

 (입으로 숨을 길게 '후~'하고 토해내듯 내쉰다)

– 양쪽 발뒤꿈치를 모아 축으로 삼고 발을 벌렸다 모았다 하면서 엄지발가락 모서리를 툭툭 쳐 준다. 즉, 양발의 뒤꿈치를 축으로 삼고, 발끝을 좌우로 벌렸다 오므리기를 반복하면서 엄지발가락 옆 부분을 서로 맞닿아 부딪히게 하

는 것이다.

- 새끼발가락이 바닥에 닿도록 하라.

- 엄지발가락 옆 부분을 서로 맞닿아 아프면 닿지 않아도 된다.

발끝 부딪치기 운동량

- 아침 기상하자마자 규칙적으로 처음에는 하루 200번(2분) 5개월 후에는 1,000번(8분)으로 늘려간다.

- 누워서 허리와 어깨를 펴고 눈을 지그시 감는다.

발끝 부딪치기 효능

- 성인병(심장질환, 당뇨병, 고혈압, 당뇨)을 예방한다.

- 질병(전립선비대증, 뇌경색, 신장병, 간경화)을 예방한다.

- 혈액순환이 잘 되어 두통이 없어지고 머리가 맑아 집중력이 생기며, 머리 회전이 빨라지고, 회춘 효과가 있다.

- 하루 300~500번 이상하면 시력이 좋아진다.

- 하루 2시간 이상하면 말더듬이를 교정할 수 있다고 한다.

- 발끝 부딪치기를 하면 하체의 찬 기운이 상승하고 상체의 뜨거운 기운이 하강하여 허약한 하체를 강화해 보행에 많은 도움을 준다.

- 암을 예방하고, 암의 성장을 억제한다.

- 2~3개월부터 목마름이 없어지고 코 막힘이 사라진다.

- 무릎을 강화하며 관절염을 예방한다.

- 변비를 예방하고 배변을 돕는다.

여러 종류의 운동이나 수련을 하면 좋겠지만 발끝 부딪히기 한 가지

라도 꾸준히 하면 큰 효과를 볼 수 있다. 발끝 부딪히기로 효과를 볼
수 있는 질병은 다음과 같다.

인체	관련 질병	인체	관련 질병
전두 동	코골이, 건망증, 치매	눈	백내장, 녹내장, 충혈
대뇌	두통, 기억력, 편두통	귀	귀 울림, 난청
코	축농증, 화분 증	어깨	오십 견, 손 저림
목	어깨 결림, 목 디스크	기관지 폐	천식, 기침
부갑상선	골다공증, 알레르기	심장	부정맥, 협심증
갑상선	비만, 야윔, 부정맥	비장	빈혈, 구토, 근육의 경련
위	위궤양, 위하수	횡행결장	복통, 설사
취장	당뇨병, 신진대사	하행결장	변비, 설사
방광	방광염, 배뇨불량	삼차신경	안면, 신경통, 편두통
신장	고혈압, 동맥경화, 부종	직장	변비
소장	소화흡수, 설사, 복통	생식선	생리통, 생리불순, 갱년기

- 발끝 부딪히기를 하면 회춘할 수 있다.
- 발끝 부딪히기를 하면 몸이 웃기 시작한다.
- 혈액순환이 잘 되면 모든 질병을 제어할 수 있다.

Part

4

성공의 디딤돌

OFFICE WORKERS'
LIFE AND ITS PHILOSOPHY

직장인의
삶과 인생철학

나는 할 수 있다

인생에서 가장 뛰어난 처세술은 "나는 할 수 있다(I can do it)"라는 자신감을 가지는 일이다. 그것은 놀라운 마력을 가지고 있다.

"내가 할 수 있을까?"라고 의심하여 망설이고, 주저하고, 지레짐작하고, 겁을 먹고, 포기하면서 우리는 많은 것들을 잃게 된다. 세상일은 자신감을 가지고 부딪혀보면 생각했던 것보다 훨씬 쉬운 일들이 많다.

이제 세상과 한 번 힘껏 부딪혀 봐야 한다. 엉켜 있던 삶의 실타래가 너무도 쉽게 풀리는 경험을 하게 될 것이다. 삶의 성적표에 우수한 성적을 남긴 사람들의 공통점은 "나는 할 수 있다!"라는 자신감이 있었기 때문이다.

어느 산속에 아주 좁고 험한 길이 있었는데 그곳에는 "그렇습니다. 당신도 할 수 있습니다"라는 표지판이 있었다고 한다.

그 길은 너무도 좁았기에 자동차들이 도저히 빠져나갈 수 없어 보였다. 운전자들은 모두 차를 우선 멈춰 세우고 그 길을 무사히 빠져나갈 수 있는지 살펴보았다. 잠시 후 그들은 자신의 운전 실력이라면 그 길을 무사히 통과할 수 있다는 것을 믿고 운전을 했고 결국 목적지에 도착할 수 있었다.

지금 당신이 하고 있는 어떤 일을 믿어야 한다.

당신이 스스로를 믿고 어떤 확신을 가진다는 것은 산속의 아주 좁고 험한 길목에 있던 "그렇습니다. 당신도 할 수 있습니다"라는 표지판과 비교할 수 있다. "그렇습니다. 당신은 할 수 있습니다!" 이것은 바로 당신의 것이어야 한다!

진정한 자신감을 얻기 위해서는 가장 먼저 자기 자신을 신뢰하는 태도를 습관화해야 한다. 그러기 위해서는 어떤 실수에도 자신을 비난하기보다는 있는 그대로 인정해주고, 격려해 주고 또 용기를 주어야 한다. 한 번의 성공이 두 번이 되고 또 세 번이 되고 더 나아가 열 번이 될 때까지는 숱한 실수와 시행착오 속에서 배우며 전문가가 되고 자신감이 붙는 것이다.

또한 진정한 자신감을 얻기 위해서는 자신의 삶의 여정을 이해하도록 노력해야 한다. 지금까지 걸어온 삶이 행여 상처와 실패로 얼룩져 있다 하더라도, 거기에는 반드시 필연적이고 긍정적인 이유가 숨겨져 있을 것이다.

혹시 그런 노력에도 불구하고 도저히 그 이유를 이해할 수 없다 하더라도 거기에는 자신이 아직 발견하지 못한 무언가가 있을 거라 여겨야 한다. 또한 다가올 미래에 대해서도 좋든 싫든, 긍정하든, 부정하든 간에 필연적이고 긍정적인 이유를 가지고 일어날 것임을 인정해야 한다. 모든 사건의 깊은 이면에는 반드시 긍정적인 의도가 숨겨져 있는 것이다.

삶에 대한 긍정적인 통찰 속에서 진정한 자기신뢰의 싹이 자란다. 진정한 자신감이 싹트는 것이다. 삶이라는 미지의 바다, 광활한 여행 속에서 가질 수 있는 유일한 절대 긍정은 바로 자신의 삶의 행보에 대한 긍정적 해석이며, 이런 해석이 밑거름이 되어줄 때 진정한 자신감의 싹이 자라게 되는 것이다.

지금까지 살면서 제일 싫어하는 말은 거짓말과 부정적인 말이었다. 거짓말을 하게 되면 그 거짓말을 감추기 위해 또 다른 거짓말이 생산되는 것을 보았다. 그리고 나는 안 된다, 불가능하다, 갈수록 태산이다, 등은 정말 듣기조차 싫은 말이다. 주위에 거짓말을 하거나 부정적인 말을 하는 자와는 친밀감을 가질 수가 없었다. 짜증을 내는 자도 마찬가지다. 거짓말을 하거나 부정적, 혹은 짜증을 잘 내는 자는 정신적 건강뿐만 아니라 육체적인 건강에도 심각한 영향을 받을 수 있다. 인간은 정신 및 육체가 동시에 건강해야 한다. 육체가 건강하지 못하면 모든 생각이 부정적으로 돌아가고 만다.

- 나는 할 수 있다고 말할 때 모든 것이 가능으로 변한다.
- 정신 및 육체가 동시에 건강해야 한다.

때를 사라

우리는 낚시하는 사람들을 흔히 '강태공'이라고 부른다. 이는 중국 은나라 때의 강 족 출신의 선비였던 태공망(太公望)에서 유래한 말이다.

태공망은 책 읽기를 굉장히 즐겨하였으나, 아내마저 굶주림을 이기지 못하고 집을 나가버렸을 정도로 매우 가난하였다. 그럼에도 그는 오로지 책을 읽으며 10년 이상을 위수에서 낚시하며 시간을 보냈다. 그러나 그의 낚싯대에는 바늘이 없었다.

그가 낚으려 했던 것은 고기가 아니라 세월이었고, 그가 기다린 것은 입질이 아니라 그를 알아줄 이를 만날 "때"였다. 그런 그가 재상으로 발탁된 것은 일흔이 넘어서였다. 비록 늙은이가 되어 기회를 잡았지만, 그는 역사에 한 획을 긋는 위대한 지략가가 되었다.

그는 훗날 다음과 같이 회상했다. "내가 수십 년간 낚시하며 때를 기다리는 사이 조강지처마저 나를 버리고 도망가 버렸다. 검은 머리가 흰 머리가 되고서야 문왕인 서백을 만나 주왕을 무너뜨리고 주나라를 세웠다" 그는 수많은 세월을 낚으며 늙은이가 되었지만, 결코 하늘을 원망하거나 탓하지 않으며 포기하지 않았다. 참고 기다린 결과 마침내 단 한 번의 기회를 잡아 천하를 얻을 수 있었다.

　여기서 때는 "좋은 기회[17]"를 의미한다. 사람이 일을 하다 보면 기회를 얻지 못하는 경우가 있다. 그러나 마냥 주저앉지 않고, 후일을 기약하며 차근차근 인내를 가지며 준비하는 과정이 필요하다. 마치 강태공처럼 말이다.

　그런데 언제까지 기다리란 말인가? 인생 사, 오십이면 너무 늦은 것은 아닐까? 하루하루가 치열한 경쟁사회에서 남보다 뒤처지거나 오랫동안 기다려도 기회가 오지 않으면 실의에 젖어 자포자기의 마음이 든다. 우리 사회의 자살률이 유난히 높은 것도 이런 사정이 한 몫을 한 것이다.

　그러나 우리에게는 남은 시간이 여전히 많다. 우리 주위에 늦었다고 생각되는 나이에 꿈을 이룬 이가 많다. 착실하게 준비하면 언젠가는 반드시 좋은 기회가 찾아온다. 그 기회가 찾아왔을 때 놓치지 않을 실력을 갖춰야 한다. 여기서 준비는 어떤 것을 말하는가?

　준비에는 꾸준한 공부도 있을 것이고, 자기개발도 있을 것이다. 선택은 당신의 몫이다. 공부는 또 하나의 삶을 살아가는 기회가 된다. 때가 늦었다고 한탄하기 전에 나의 준비가 소홀한 것은 아닌지 생각해 봐야 한다.

　사실 나는 나이가 좀 들어서 공부한 경우이다. 40대 초반에 석사학

---

17 좋은 기회 : 천 년 동안 겨우 한 번 만난다는 뜻으로, 좀처럼 만나기 어려운 좋은 기회를 이르는 말이며 천재일우(千載一遇)라 한다.

위를 시작하여 40대 말에 박사학위를 취득했으니 늦어도 한참 늦은 공부였다. 그렇지만 늦은 공부로 인하여 새로운 인생길이 열리게 된 것이다.

1970년 중반, 대학을 졸업할 당시는 대부분의 친구들이 취업하는 분위기였다. 그런데 연구소에 들어와 보니 연구원들이 해외 혹은 국내에서 학위를 더 하는 분들이 늘어났다. 연구소에 입소한 지 7년이 지날 무렵 나도 학위를 해야겠다는 생각이 들었다. 물론 연구소에 입소할 때부터 그런 생각이 있어 시간이 날 때마다 책을 가까이 하고 있었다. 아마 7~8년 정도 때를 기다렸던 것 같다.

공부를 시작하여 끝마칠 때까지 9년이란 세월이 흘렀지만 학위를 하고 나니 업무를 수행하는 시야가 넓어지고 새로운 도전을 할 수 있는 도구가 마련되었다고 생각한다. 비록 늦게 시작하여 좀 어려운 공부를 하였지만 그 공부를 통해 연구하는 깊이를 더할 수 있어 또 하나의 나의 능력이 된 셈이다.

평생 일한 계측분야지만 공부하지 않고 지냈다면 내가 할 수 있는 일의 범위는 분명히 한계가 있었을 것이다. 특히 측정불확도 공학 분야의 경우는 내가 공부를 더 했기 때문에 좀 더 쉽게 접근할 수 있었다.

결론적으로 말해 공부해야겠다고 마음먹고 준비하며 때를 기다린 덕에 학위도 마치고 또 새로운 분야를 공부해 정년을 한 이후에도「측정불확도 공학」이라는 저서의 출간과 전문교육기관에서 강사로 활동할 수 있는 기회가 나에게 주어진 것이다.

누구나 자신이 하는 일이 있기 마련이다. 그 일을 더 발전시키기 위해 항상 연구하고 공부하는 자세로 일한 그 노력은 먼 훗날 더 발전하며 새로운 어떤 일을 시작하는 원동력이 될 것이다.

　성경에 '범사에 기한이 있고 천하만사가 다 때가 있나니 날 때가 있고 죽을 때가 있으며 심을 때가 있고 심은 것을 뽑을 때가 있으며, 죽일 때, 치료할 때, 헐 때, 세울 때, 울 때, 웃을 때, 슬퍼할 때, 춤출 때가 있다'고 한다.

　세상을 살다 보면 누구나 때를 만나게 된다. 하루 일과 중에서도 일어날 때 먹을 때 쉴 때 일할 때 잠잘 때 등 그때그때 처리하거나 행해야 할 때가 있고, 학생은 공부할 때가 있고, 일반인은 열심히 일해야 할 때가 있다. 그 '때'는 대체로 정해져 있는 경우가 많다. 그래서 우리는 그때를 위해 미리 준비해야 한다.

　「작은 물줄기」라는 책에서 정년이나 어려울 때를 대비하기 위해 작은 물줄기를 만들라고 했는데 그 작은 물줄기의 의미는 작은 수입원을 말한 것이다. 그러기 위해 월급만큼 많은 돈을 벌지는 못하지만 적은 금액이라도 돈을 벌 수 있는 수입원을 만들라는 것이다. 누구나 곤고함을 당할 때가 있다. 그때를 위해 강태공처럼 자신의 몸을 만들어야 한다. 즉 한 분야에 최고의 전문가가 되도록 몸을 만들라는 것이다.

- 최고의 전문가가 되도록 자신의 몸을 관리하라.
- 항상 연구하며 공부하는 때를 사면 좋은 기회가 찾아온다.
- 착실하게 준비하면 반드시 좋은 기회가 찾아온다.

불평하는 기술

화단 한구석에 장미 한 송이가 피었다. 그런데 얼마나 불평이 많았는지 눈만 뜨면 불평을 털어놓는 것으로 하루를 시작하였다. 장미는 밤이면 춥고 어두워서 못 있겠으니 거실로 옮겨 달라고 주인을 졸라 거실로 옮겼다. 얼마 후 장미는 또다시 주인에게 불평하였다. 여기는 나비가 찾아오지 않으니 창가로 옮겨 달라고 했다. 주인은 장미를 창가에 옮겨 주었다. 하지만 이번에도 장미는 창가에는 고양이가 지나다녀서 싫다며 화병에 넣어 방안으로 옮겨 달라고 하였다. 주인은 다시 장미를 화병으로 옮겨 방안에 두었다. 며칠 뒤 장미는 또다시 주인에게 바깥 화단으로 옮겨 달라고 말했다. 하지만 이미 뿌리가 잘린 장미는 시들어버렸고 주인은 장미를 뽑아 쓰레기통에 버리고 말았다.

주어진 환경에 불평하지 말고 감사하는 마음으로 늘 넉넉하고 풍성하게 살아간다면 우리의 불평은 사라질 것이다.

커피가 너무 뜨겁다거나, 에어컨이 너무 춥다, 이 정책은 불공평하다, 예전 방법이 더 나은 것 같다, 나는 항상 어려운 과제만 받는다, 나의 상사는 고맙다고 한 적이 없다. 등 많은 직장인들이 이 같은 불평을 한다.

2014년 3월 24일 미국 온라인 미디어 데일리 뮤즈(the Daily Muse)에서 미국 전자회사의 관리자로 근무하는 에이버리 어거스틴(Avery Augustine)은 '원하는 것이 있을 때 현명하게 불평하는 방법'을 소개했다. 일을 하다 보면 일을 향상시킬 수 있는 과정들이 떠오를 때가 있고 반드시 바뀌어야 할 규칙이 생길 것이다. 그러나 아무리 고쳐야 할 점을 얘기해도 변하는 것은 없다.

그녀는 자신이 회사의 상사로 일하는 중에 많은 불평을 들어왔고, 그런 경험을 바탕으로 '불평의 옳은 예, 나쁜 예'를 알게 됐다고 전했다. 어떤 방법으로 말하면 불평하는 자로 낙인이 찍힐 수 있고 어떤 식으로 말하면 당신이 원하는 것을 얻을 수 있는지 그녀가 전하는 조언을 들어본다.

당신의 입에서 불평이 튀어나오기 전에 불평 내용을 좀 더 깊게 생각해야 한다. 이러한 생각은 당신이 넓은 시각을 갖게 해 준다. 당신이 정말 납득이 안 되는 경우에는 상사에게 의도를 물어보고 만약 상사가 "좋은 지적이야!" 라고 이야기했다면 당신은 불평하는 기술이 늘었다는 증거이다.

자신의 의견을 제시하는 기술 몇 가지를 소개한다.

모든 일에 투덜대지 마라

회사에서는 '불평하는 이'가 있기 마련이다. 만약 새로운 정책이 비효율적이라고 생각한다면 당신의 반대의견을 모두에게 납득시킬 수 있게 말해야 한다. 개선을 위한 불평이 있고 불평을 위한 불평이 있다. 만약 당신이 모든 일에 불평하고 있다면 당신의 말은 주목받을 수 없다. 정말 중요하고 변화할 수 있다고 생각하는 일에 대해서 당신의 목소리를 전략적으로 내라.

징징거리는 것을 멈춰라

당신이 어렸을 적에 부모님께 불평하던 모습을 기억하는가?

당신의 나이와 상관없이 무언가를 불평할 때면 목소리의 톤이 징징거리는 톤으로 변하게 되는 경우가 많다. 당신은 프로처럼 보이려고 하지만, 많은 사람들이 불만을 얘기할 때 톤이 아이처럼 변하는 것을 본다. 불만사항을 얘기하기 전에 목소리를 한번 점검해봐라. 그 이후 침착하고 존경심을 담은 말투로 "제가 일을 하는데 영향을 미치는 무언가가 있습니다. 이것에 대해 얘기하는데 시간을 내 주실 수 있나요?" 하고 말해보라. 당신은 공격적으로 말할 수 없을 것이다. 대신 당신의 의견을 조심스럽게 말할 수 있을 뿐 아니라 상사의 생각을 충분히 들을 수 있을 것이다.

불평을 잠시 뒤로 미뤄라

불평을 하기는 쉽지만 문제에 대해 현실적인 해결책을 생각하는 것은 어렵다. 불평을 한참 말한 뒤에 돌아오는 가장 실망스러운 일은, 해결책은 없이 불평만 말하는 것이다.

좀 더 효율적인 불평을 얘기하기 위해서 당신은 문제 제기와 함께 그것을 고칠 수 있는 융통성 있는 방안을 같이 제시해야 한다. 무조건 화를 내는 것은 그 즉시 해소가 될지는 몰라도 아무런 소득이 없다.

당신의 상사에게 불편한 사항을 얘기하고 싶다면, 문제에 대해서 공손하게 전달하고 그것과 함께 가능한 해결책을 제시한다면 당신의 문제는 빠르게 해결될 수 있을 것이다.

반대만을 위한 불평은 풍선에 구멍을 내고 바람을 빼는 역할을 하는 것과 같다. 자동차 타이어에 바람이 빠진다면 차가 움직일 수 없듯 조직에 바람을 빼는 것은 불평에서 시작된다.

가정이나 직장에서도 불평하기보다 불평 거리를 고칠 수 있는 방안을 제시해야 한다.

- <u>반대를 위한 불평을 하지 말라.</u>
- <u>불평하면 그 조직에서 분리 된다.</u>
- <u>불평과 비슷한 말은 투정, 탓, 원망, 불만, 넋두리 등이다.</u>
- <u>불평하는 기술을 배우라.</u>

철저한 준비는
강력한 무기

당신은 철저한 준비로 인생을 살아가고 있는가?

철저한 준비라는 강력한 도구를 충분히 활용하면서 살아가고 있는지, 혹시 너무나 아름다운 이 도구를 그저 그렇게 남들처럼 미약하게 혹은 있으나 마나 한 도구로 썩히면서 살고 있지는 않은가? 자문해볼 필요가 있다. 철저한 준비는 이 세상 모두에게 주어진 강력한 무기임이 분명하다. 어느 누구도 자신의 준비를 막을 수는 없다. 다시 말하면, 누구도 자신의 완벽하고 강력한 인생을 막을 자가 없다는 것이다.

자신의 재능에 덧붙여서 끝없는 준비와 철저한 준비로 앞서가는 인생은 강력한 가치를 만들어가는 인생들이 되게 할 것이다.

강력한 도구는 긍정적인 마음이다. 긍정적인 마음은 긍정적인 생활방식을 유지하고 미래를 꿈꾸는데 큰 활력소가 된다.

큰 고난을 당하는 자나 슬픔이나 비통에 빠진 자도 긍정적 사고로 전환하면 지금 당장이라도 행복으로 초대 될 수 있게 된다. 부정적인 사고에 잡혀 있는 자는 부정적인 태도를 벗어던지고 더 큰 즐거움을 누리며 더 대단한 사람이 된 자신을 상상하는 비전을 품어야 한다.

비전을 키우기 위해서는 먼저 마음으로 믿어야 된다. 지금 당장 최선의 삶을 살려면 먼저 믿음의 눈으로 삶을 바라봐야 한다. 즉 꿈이 이루어지는 순간을 상상해야 한다. 패배와 실패의 이미지를 그리는 사람은 실패자의 인생을 살게 되지만 승리와 성공, 건강, 풍요로움, 기쁨, 평화, 행복의 이미지를 떠올리는 사람은 아무리 큰 장애물이 있더라도 반드시 그런 인생을 살게 된다.

'이게 내 한계야, 난 여기까진가 봐' 하는 좁은 생각이 아니라 커다란 마음의 그릇을 가져야 측량할 수 없는 복을 담을 수 있다. 하나님을 믿는 자는 마음으로 하나님의 은혜를 상상해야 그 은혜를 받을 수 있게 된다. 왜냐하면, 그분의 뜻으로 모든 것을 가능하게 하시기 때문이다.

긍정의 힘은 끌어당김의 법칙에서 나온다. 많은 사람들이 인식하지 못하지만, 사실 한 가지 매우 강력한 힘이 우리 삶을 움직이고 있다. 바로 끌어당김의 법칙이다. 이 법칙은 사람들과 직장을 이런저런 상황과 관계를 통해 우리 삶으로 끌어당기고 있다.

초콜릿은 살이 찌는 음식일까? 의문을 가질 수 있다. 초콜릿은 당분이니까 살이 찌는 음식이라고 생각할 수 있다.

그런데 한 연구결과에 따르면 초콜릿을 먹어도 체중이 감소한 결과가 나타났다고 한다. 실험 방법으로 한 집단은 초콜릿을 먹으며 죄책감을 느끼게 하고, 한 집단은 행복감을 느끼게 했다고 한다. 그랬더니 죄책감을 느낀 집단은 체중이 증가하였고, 행복감을 느낀 집단은 체중이 감소하였다고 한다.

여기서 중요한 사실은 긍정적인 마인드이다. 긍정적으로 생각하는 사람들은 다이어트 성공 가능성도 높다는 것을 말해준다. 물론 긍정적인 마인드를 이용해서 과하게 섭취하면 안 되겠지만 그만큼 긍정의 힘이 크다는 의미이다.

일상생활에서 행복감을 느끼며 더욱 긍정적으로 생활하는 지혜의 말을 소개하고자 한다.

자주 웃는다

웃을 일이 없을 때는 가식 웃음도 기분을 좋게 만들어줄 뿐만 아니라 얼굴 근육까지 편안하게 해주는 효과가 나타난다.

복식호흡을 해라

복식호흡을 하게 되면 마음이 편안해지는 효과가 있다.

복식호흡의 올바른 방법은 숨을 들여 마셨을 때 배가 불룩해지고 다시 내쉬면 배가 홀쭉해지는 것이다.

정리 정돈하는 습관을 가져라

매일 리모컨을 찾거나 내가 쓰는 물건의 자리를 기억하지 못하는 경우가 종종 있다. 이때 물건을 찾으면서 스트레스가 발생한다고 한다. 따라서 매일 정리 정돈하는 습관을 기르면 전체적인 기분을 상승시킬 수 있다.

스트레칭을 생활화하라

스트레칭은 근육의 긴장감을 풀어주는 데 효과가 있다. 스트레칭을

하기 어렵다면 목 돌리기나 팔 스트레칭 같은, 간단한 스트레칭으로
근육의 긴장을 풀어준다.

- 생각은 기도로 작용한다.
- 원하는 것을 끌어당겨라.
- 철저한 준비는 강력한 무기이다.
- 단련(鍛鍊)은 최상의 준비이다.
- 승리와 성공, 건강, 풍요로움, 기쁨, 평화, 행복의 이미지를 떠올리는 사람이 되라.

정직의 힘

거짓말은 거짓말을 낳는다고 한다. 습관적으로 남을 속이는 사람은 사기꾼이 되기 쉽다.

거짓말은 십 리를 못 가고, 꼬리가 길면 잡힌다, 길이 아니면 가지를 말라, 바르고 정직한 언행을 하라, 법 없이도 살 사람, 입에 침이나 바르고 말해라, 입은 비뚤어져도 말은 바로 해라, 정직은 일생의 보배, 정직이 최상의 방책이라는 말들이 있다.

정직한 사람이 어떻게 성공을 할까? 어떤 사람은 겉과 속이 다른 행동을 용납하지 못하고, 말한 것은 반드시 실천해야 직성이 풀린다. 그렇게 해야 자신의 양심과 원칙에 어긋나지 않기 때문이다. 그들의 내면은 갈등이나 충돌이 일어나지 않아서 언제나 평온하고 잔잔하다. 그렇기 때문에 타인에게 선을 베푸는 여유와 정확한 판단력이 생겨날 수 있는 것이며 그로 인해 보다 완벽한 성공의 보장을 받을 수가 있게 된다.

한 유명 작가가 투자를 잘못해서 파산지경이 왔다고 한다. 그는 자기 힘으로 돈을 벌어 빚을 다 갚아나가려고 했다. 3년 후 빚을 다 갚기 위해 여전히 힘들어하는 그를 도우려고 한 신문사가 모금 운동을 벌

였다. 평소 그의 인품을 높게 보던 많은 이들은 선뜻 자신의 주머니를
털어주었다. 그가 모금한 돈을 받으면 지긋지긋한 빚더미에서 해방될
수 있었다.

 하지만 그는 유혹을 물리치며 단호하게 거절하며 고스란히 돈을 돌
려주었다. 몇 개월 후 그가 쓴 책이 베스트셀러로 날개 돋친 듯 팔려
나가면서 나머지 빚을 한꺼번에 청산을 할 수가 있었다. 이 사람이 바
로 'Mark Twain(마크 트윈)'이다. 정말 정직한 사람이었다.

 정직은 성공을 만들어내는 신기한 힘을 발산한다. 정직하다는 것은
엄격한 요구 조건으로 자신을 채찍질하며 용기 있게, 끝까지 신념을
지켜내는 것이다. 정직은 양심의 소리에 귀 기울이고 용감하게 마음
의 문을 열어 보이는 것이다.

 극동의 한 황제가 늙게 되어 이제는 자신의 후계자를 뽑을 때라고
생각했다. 그는 자신의 추종자나 자식 중에서 선택하는 대신에 식물
의 씨를 젊은이들에게 하나씩 나누어 주면서 '그중 한 개는 특별한 씨
앗이다. 이 씨를 심고 일 년 후 가지고 온 식물을 평가하여 새 황제를
선택하겠노라'고 선포하였다. 많은 젊은이 중 링이라는 한 소년도 그
씨를 받았다. 그는 집으로 돌아와 있는 그대로 어머니에게 이야기하
였다. 어머니는 화분에 흙을 채우고 씨를 심고 1년간 물을 주고 가꾸
었다. 그런데 링의 씨는 일 년이 지나도록 자라나지 않았다. 링은 실
망하였지만 어머니는 그에게 정직해야 한다고 말했다. 결국, 링은 빈
화분을 들고 왕궁으로 갔다. 다른 젊은이들은 3주가 지나자 모두들 씨
가 자라기 시작했다고 말했다. 그러나 6개월이 지나도 링의 화분은 아

무 소식이 없자 그는 자신이 씨를 죽였다고 생각했다. 일 년이란 세월이 지나고 모든 젊은이가 황제에게 자신의 식물을 가지고 왔다. 링은 다른 젊은이들이 키운 여러 가지 식물에 놀라움을 금치 못했다. 다른 젊은이들은 링의 빈 화분을 보고 웃었다. 그때 황제는 젊은이들에게 오늘 여러분 중 한 명이 황제가 될 것이라고 말했다. 그리고 별안간 황제는 빈 화분을 들고 있는 젊은이를 주목했다. 황제는 링을 앞으로 나오도록 했기에 링은 두려웠다. 씨를 키우지 못한 자신을 죽일 것이라고 생각했기 때문이다. 모든 젊은이들이 링을 보고는 웃거나 비웃기까지 했다. 그러나 황제는 링을 바라보며 '새 황제를 바라보라'고 말했다. 링은 정직하였기에 황제가 되었다.

세상에는 겉과 속이 다른 말과 행동을 하는 자가 많다. 그러나 감추어져 있는 비밀은 곧 탄로가 나게 되어 있다. 정직은 성공의 귀한 씨앗으로 밝혀질 것이다.

내가 한평생 근무한 연구소 ○○시험장은 시험평가를 위한 시험과 계측을 주로 하는 조직이다. 무기체계를 연구하는 단계에서부터 개발이 완료되어 군에 납품하는 수락시험까지 여러 단계의 시험들을 거친다. 그래서 시험을 준비하는 과정이나 시험에 필요한 부품, 장비 등 시험에서 요구되는 모든 과정이 시험의 결과에 나쁜 영향을 미친다면 잘 못된 시험이 되고 만다.

내가 소속된 계측부서는 시험평가에 직접적인 영향을 줄 수 있는 시험자료를 생산하는 부서이다. 무기체계에 대한 성능을 확인하는데 정확한 계측과 계측결과의 분석 및 평가는 필수적으로 수행되어야 한다. 이러한 시험평가 업무는 정확하고 표준화된 시험을 통하여 투명성과 신뢰성 및 공인성을 확보함으로써 고객이 요구하는 최고 품질의 시험평가 서비스를 제공할 수 있다. 그러므로 측정 자료의 정확도와 신뢰 수준(Confidence Level)을 나타내는 측정불확도(Uncertainty) 평가가 이루어져야 하고 측정에 사용된 계측기의 교정 소급성이 확보되어야 한다.

교정 소급성이란 미국 국립표준기술원(NIST)이나 우리나라의 표준과학연구원 및 KOLAS로부터 인정된 국가공인기관에서 교정 받은 계측기를 이용하여 교정이 이루어지므로, 설비나 물질에 대한 교정 소급성이 유지되며 소급성은 상위기관으로부터 교정을 받아 연결을 하여 주는 것을 소급성이라 한다.

위에서 설명한 교정소급에 필수적인 사항이 정직이다. 국가 교정기관으로부터 교정 받은 측정기기를 사용하여 계측자료를 생산하여야 한다는 것이다. 이와 같이 공인된 시험결과는 군이나 무기체계를 생산하는 방위산업체의 요구를 만족시킬 것이다. 그러므로 정직은 상대방을 만족시키는 강력한 무기가 된다고 말할 수 있다.

- <u>정직은 성공을 만들어 낸다.</u>
- <u>정직은 상대를 만족시킨다.</u>
- <u>정직을 잃으면 더 이상 잃을 것이 없다.</u>

▶ 신뢰수준(Confidence Level) : 신뢰 수준 95%는 해당 여론조사를 95% 믿을 수 있다는 뜻이 아니라 같은 조사를 100번 하면 오차범위 내 동일한 결과가 나올 횟수가 95번이라는 뜻이다.

길어진 인생을
사는 기술

오래 산다는 것은 단순한 수명 연장을 넘어 인생을 폭넓고 융통성 있게 살 수 있는 기회를 의미한다.

피카소는 90세가 넘어서야 장수의 가치가 얼마나 중요한지를 깨달았으며 처칠은 정계에서 은퇴한 70세 이후에야 화가로서 빛을 발하고 글을 써서 노벨 문학상을 수상했다. 기대 수명이 100세에 육박하는 초고령 사회에서 살아가야 하는 우리는 길어진 삶을 어떻게 꾸려야 정말 의미 있는 노년의 인생을 즐길 수 있을지 고민하지 않을 수 없다.

'길어진 인생을 사는 기술'은 노년의 인생을 적극적으로 경영할 수 있는 방법과, 필요한 대비책을 제시하고 있다. 불과 수십 년 전만 해도 장수는 일부의 축복받은 사람만이 누릴 수 있는 천복이었다. 열악한 환경과 식량 부족, 자연적 재앙과 질병, 전쟁 등으로 천수를 누릴 수 있는 사람은 극소수였다.

그러나 오늘날에는 의술의 발달과 좋은 생활환경 등으로 대부분의 사람이 천수를 누릴 수 있음에도 불구하고 노년의 인생에 대한 대비책은 미흡하기 그지없다. 세상은 변하고 삶의 질과 수명 또한 많이 바

꿰었는데도 예전처럼 눈앞의 일에만 매달린다.

　인생에서 가장 자유롭게 살 수 있는 시기가 바로 은퇴 후라고 한다. 그러나 그 시기의 자유는 준비된 사람만이 누릴 수 있을 것이다. 은퇴 후 새로운 삶을 위해 무엇을, 어떻게, 누구와 준비해야 할까?
　은퇴자들이 할 수 있는 일은 기업경영 자문부터 창업지원 네트워크, 대학 강의 및 창업 등 다양한 분야의 일들이 있다. 은퇴자들의 재능과 인맥을 필요로 하는 곳은 무궁무진하기 때문에 그러한 분야를 활용해야 한다.

　현대인의 삶은 자신의 인생을 적극적이고, 능동적으로 대처하지 못하면 낙오되고 만다. 따라서 삶의 질을 높이고 길어진 인생을 위해서 가장 먼저 준비해야 할 것이 무엇인지 정확히 파악하고 자신의 인생 철학을 세워야 한다.
　우리는 인생에서 미풍이 지나갈 때는 그냥 그러려니 한다. 그러다 고난의 낌새를 느끼고 나면 당황하기 시작한다. 그러다 폭풍이 몰아치거나 태풍이 들이치면 정신을 차리지 못한다.
　위기의 순간에는 불안하고, 외로워지며 혼자 세상에 버려진 듯하고, 절망하고, 우울해 하며 참담해진다. 거친 풍랑이 잠잠해지길 바라지만 그것도 쉽지 않다. 하지만 눈물 젖은 빵을 먹어본 자만이 인생을 논할 수 있듯이 비바람을 이겨낸 인생은 그만큼 깊고 성숙해진다.

　우리는 인생의 폭풍에 미리 대비해야 잠을 잘 수 있다.
　미리 준비하면 어떠한 것도 두려워할 것이 없다. 인생의 폭풍은 사업의 실패나, 건강을 잃거나, 교통사고를 당했을 때, 혹은 이혼 및 시험에 낙방하는 경우 등이다.

우리는 인생의 폭풍에서 적극적이고, 능동적으로 대처하여 자신을 지키는 법을 배워야한다. 때로는 나의 삶에 어려움이 몰려와 그 어려움에 허우적거릴 때 항상 밝게 웃고 근심하지 말며 우리가 할 수 있는 것은 오로지 기도하는 것이다.

- 근심하는 얼굴은 인생을 도적질 당하는 것이다.
- 인생을 적극적이고 능동적으로 대처하라.
- 인생의 폭풍에서 자신을 지키는 법을 배우라.
- 항상 밝게 웃고 근심하지 말라.

끝장을 보라

　어떤 일을 결심하고 그것을 이루고 싶다면 하루하루를 알차게 보내야 한다. 매일 귀찮음과 게으름으로 무장하고 꿈만 꾸는 사람들이 너무나 많다. 그들은 행동하지 않기 때문에 실패하지도 않고 성공하지도 못한다. 원하는 것이 있다면 생각을 하고 계획을 세우는 과정도 중요하지만 더 중요한 것은 행동을 해야 결과를 만들 수 있다는 사실이다.

　너무나 쉽고 간단하지만 많은 사람들이 생각만 하고 행동을 하지 않는다. 해보지 않은 일에 대한 두려움도 있고 중간에 실패해 누가 알면 어쩌나 하고 민망해 하기도 한다. 하지만 정말 부끄러운 것은 실패를 한 것이 아니라 시도해 보지도 않았다는 것, 그리고 중간에 포기했다는 점이다.

　모든 일을 포기 없이 전부 성공으로 이끌기는 힘들겠지만 늘 끝까지 가는 습관을 들인다면 그 사람은 분명 원하는 것을 얻는 방법을 찾을 수 있을 것이다. 노력해도 포기해야 할 부분도 있다. 얻는 것이 있으면 잃는 것도 있으니 이런 부분까지 생각하고 최대한 끝까지 가 보아야 한다.

1975년에 학사로 직장생활을 시작하였는데 졸업 후 10년 만인 1985년에 카이스트 전기전자공학과 전력제어 전공 석사과정 공부를 시작하였다. 그런데 치주염의 발병으로 학업을 계속할 수가 없어 중간에 공부를 포기하고 직장에 복귀하여 치주염부터 치료를 받았다. 치주염 치료와 의치가 10개인 틀니를 하는데 다시 1년 정도 시간이 소요되었다. 직장에서의 장학 위탁이나 근무 위탁 기회는 항상 주어지는 것이 아니어서 공부는 포기하게 된 상태였다. 그러나 이루지 못한 공부는 항상 나를 짓누르고 있었다.

나는 1991년 3월부터 교회를 다녔다. 교회를 다니고 나서부터 모든 일이 긍정적으로 보였다. 그해 4월 부활절 다음날부터 새벽기도를 시작하여 25년 이상 지속하고 있다. 다른 사람들과 비교해 교회 나가는 횟수가 누가 더 많은지, 그래서 누가 더 주님과 친밀함이 있는지가 중요하다는 생각을 하였다. 교회를 다닌 지 25년이 지난 지금은 항상 나의 삶을 그분께 맡기며 하나님의 은혜로 살고 있다.

어느 날 운이 좋게도 나에게 다시 공부할 수 있는 기회가 주어졌다. 공부를 그만둔 지 6년이 지난 1993년 3월에 한번 시작한 공부를 끝까지 마치겠다는 생각으로 다시 충남대학교 전자공학과 통신 및 제어 전공 석사과정에 다시 입학하여 1999년 8월에 모든 공부를 마무리할 수 있었다. 나는 석사과정을 두 번 한 셈이다. 언제부터인지 모르지만, 나에게는 끝까지 가보자는 마음이 자리 잡기 시작했다.

잠자는 시간과 일어나는 시간도 수십 년 동안 일정하다.

연구소에서 여러 가지 과제를 수행하였는데 실패 없이 모든 과제를 성공적으로 끝낼 수 있었다. 그런데 단 한 가지 과제는 정해진 기간에 끝마칠 수 없었다. 2000년 초에 20억 원 예산으로 추진한 장거리 추적용 도플러레이더를 구매하였는데 성능이 제대로 나오지 않아 기술적으로 레이더 생산 회사와 싸움이 시작되었고 사업기간 1년을 넘긴 후에야 레이더 생산회사에서 H/W와 S/W의 보강으로 요구규격을 만족할 수 있었다. 이것도 끝까지 가보자는 마음이 아니었으면 불가능한 과제였을 것이다.

- 한번 결심한 일은 생각으로만 끝내지 말고 행동으로 옮겨라.
- 시작한 일은 끝장을 보아야 한다.
- 포기는 영원한 실패를 의미한다.
- 학위 과정 중 잠시 중단은 했지만 포기는 없었다.

세상을 사는 지혜

돈에 대한 표현 하나를 빌려보겠다.

'날개가 없어도 날 수 있고, 발이 없어도 달릴 수 있는 것' 중국 진나라 시대의 작가인 노포의 말이다. 또한 베켈링은 '인생은 바다, 선장은 돈이다. 선장이 없으면 그 배는 넓은 바다를 헤쳐나갈 수가 없다'라고 말했다.

세상을 살아가는 데 가장 중요한 것이 돈이라는 것이다. 그래서 그런지 세상 모든 사람들의 주된 관심사는 돈에 관한 문제이다. 돈이 주가 되는 사회를 못마땅하게 여기는 사람들은 세상을 사는 지혜를 터득한 사람들이거나, 그 돈의 효용성을 느끼지 못한 사람이거나, 많은 돈을 벌지 못하는 사람들의 체념의 발로인지도 모른다.

사람들은 너무나 오랫동안 자신이 아닌 외부로 시선을 돌려 물질에만 관심을 기울인 나머지 재산에 대한 보호책으로 종교와 학교, 정부 기관만 추앙하게 되었다. 또한, 이 기관에 대한 공격은 곧 자신들에 대한 모욕이라고 생각하기 때문에 그 집단들에 대한 비판에도 반대한다. 그들은 그 집단이 어떤 존재이냐가 아니라 무엇을 가졌느냐에 따라 서로를 평가한다.

눈에 보이는 재산이 아니라 마음속에 간직한, 눈에 보이지 않는 지혜와 아름답고도 숭고한 어떤 것들이 많은 사람이 곧 부자인데, 세상은 그러한 일반상식이 통용되지 않는다.

부는 많은 재산이 아니라 만족하는 마음이다. 더 설득력을 얻는 속담이 있다. '돈이 최고의 가치를 나타낼 때 진리는 입을 다문다'
세상이 아무리 혼탁해서 제자리를 지키지 못하고 있다 해도 지켜야 할 것은 돈에 앞서 마음의 평화를 누려야 한다는 것이다.

돈이란 것은 너무 없어도 불편하고 너무 많으면 인간의 성격을 파괴해 버리니 많아도 병인 것이 돈이다.
돈이 행복한 삶을 보장하지 못한다면 의미 없는 노력이 된다. 돈이란 것은 단순한 욕망과 이기심으로 벌려고만 한다고 모이는 것이 아니다. 돈이란 자연의 섭리와 규칙에 맞게 노력을 해야만 돈이 모이고 행복과 평화도 얻을 수 있다는 것이다. 그런데 큰돈을 버는 사람은 극소수에 불과하다. 아무리 노력해도 궁핍하게 살고 있는 사람이 있는가 하면 겉보기에 대단한 일을 하지 않는 것 같으면서도 큰 재물을 모으는 사람이 있다. 그리고 많은 돈을 가지고 있으면서도 환경적으로 불행한 삶을 사는 사람이 있는가 하면 월세방에서 어렵게 살면서도 행복한 가정으로 살아가는 사람이 있다.

정당한 노력으로 번 돈은 자신에게 이로움을 남기는 쪽으로 쓰이고 남에게 피해를 주고 번 돈은 나갈 때도 자신에게 피해를 주며 나간다.

즉 돈은 마음에 따라 이동을 하기 때문이다.

옛말에 '큰 부자는 하늘이 내리고 작은 부자는 노력으로 얻을 수 있다'는 이야기가 있다. 돈은 사람이 먼저 쫓아가면 도망을 가고 돈을 멀리하면 오히려 사람을 쫓아온다. 또 '돈처럼 귀 밝은 놈이 없다'라는 말도 있다.

위 명언의 뜻을 잘 이해하면 모두 부자가 될 수 있다. 궁핍은 이기심과 욕심 및 게으름이 주요 원인이라고 한다.

돈이란 적은 돈이 모여 큰돈이 되는 것이다. 적은 돈을 소홀히 하는 사람은 절대 큰돈을 모을 기회가 없다.

큰돈을 벌고 싶다면 많은 사람에게 큰 이익이 될 일을 찾아서 하면 된다. 우리의 마음에 노동은 재미로 하고, 노동을 하다 보면 돈은 보너스로 받는다는 생각이 자리 잡는다면 당신은 깨우침의 길로 입문한 것이고 마음의 평화와 물질의 풍요를 누릴 자격을 갖춘 것이다. 마음의 평화와 행복은 이기심과 욕심의 마음을 걷어내고 양심으로 돌아가야 얻을 수 있다.

돈을 어떻게 정의해야 할까? 직업적인 부분에서 돈을 번다는 의미는 어떻게 해석해야 할까? 좋아하는 일을 하면서 많은 돈을 버는 것은 금상첨화이지만 좋아하는 일을 하면서도 돈을 많이 벌지 못하는 경우가 있다. 대부분의 사람들은 싫지만, 돈을 벌기 위해서 일을 한다.

그래서 돈 벌기가 어렵고 힘들며, 그렇게 일을 해서 번 돈이니 쉽게 쓰지 못하고 꼭 필요한 부분이나 저축 또는 절약해서 다음 생활을 위한 돈을 마련해 둔다.

　많은 돈을 벌수록 대부분 자기의 사적인 생활보다는 경제적인 활동을 하는 행위에서 많은 시간을 보낼 것이다. 돈에 우선하여 평생 내가 할 일이 꾸준히 있다는 것. 그것만 있다면 돈은 저절로 따라온다고 한다. 돈을 관리하고 돈에 놀아나지 않는 지혜가 필요하다.

- 많은 사람에게 이익이 되는 일을 하면 큰돈을 벌 수 있다.
- 노동은 재미로 하고 돈은 보너스를 받는다.
- 돈을 멀리하면 오히려 돈이 사람을 쫓아온다.
- 부는 많은 재산이 아니라 만족하는 마음이다.

사랑받고 사는 법

인류의 역사가 시작된 이래로 사람들의 경제 활동을 이끌어온 근본 원천은 이기심이다. 인류는 한정된 자원 아래 자신의 무한한 욕망을 충족시키기 위하여 타인과 경쟁을 하고, 필요에 따라 협력을 한다. 또한 더 많은 노동을 투입하고, 기술을 개발하고, 좋은 자원을 획득하려 한다. 모든 일의 중심은 자기 자신이며, 자신의 이익이 무엇보다 우선시된다.

그러나 인간은 이기심만 가지고 있는 동물이 아니라 이타심도 가지고 있다. 이러한 인간의 양면적 특성은 약육강식이라는 자연의 거대한 순리를 따르면서도, 그 순리를 거부하는 아이러니를 낳게 되었다. 그리하여 인간은 자신의 이익을 최우선으로 하는 본성을 가지고 있지만, 양심철학, 사회윤리 규범 등이 자기 구속을 만들어 내었고, 그러한 자기 구속을 통해 자신의 이익 추구로 인한 이익과 그에 따른 타인의 피해를 절충하는 타협점을 찾도록 하였다. 하지만 산업혁명 이후 경제가 급속도로 성장하면서 인류는 이전에 비해 엄청난 변화를 겪게 되었다.

사회의 변화 속도는 인간의 적응력을 뛰어넘는 수준으로 접어들었고, 그에 따라 사회 구성원들을 구속하고 있던 윤리관의 붕괴가 일어나기 시작하였다. 경제의 급격한 성장은 자본주의를 탄생시켰고, 윤리의 부재 속에 축적된 자본은 결국 황금만능주의를 낳게 되었다. 이에 따라 산업혁명 이전의 윤리 체계가 가지던 구속력은 그 힘을 잃어버리게 되었고, 그 빈자리를 황금만능주의가 파고들게 되었다.

이타심의 비중이 축소됨에 따라 개인 간, 집단 간의 이익에 대한 대립이 첨예해졌다. 자신의 이익을 수호하기 위해, 적극적으로는 타인의 이익을 빼앗고, 소극적으로는 자신 또는 자신이 속한 집단에 해를 끼치는 행위에 대해 용납하지 않는 상황이 발생하였다. 님비(NIMBY)현상은 위의 소극적 이익 수호의 대표적인 사례라 할 수 있다.

님비현상은 'Not In My Back yard'를 줄인 말인데, 그대로 뜻을 옮기자면 '내 뒷마당에서는 안 돼'라는 뜻이다. 즉, 장애인 시설이나 쓰레기 처리장, 화장터, 교도소와 같이 지역 주민들이 싫어할 시설이나 땅값이 떨어질 우려가 있는 시설들이 자신이 살고 있는 지역에 들어서는 것을 반대하는 현상이다. 이와 반대되는 말로는 자신이 살고 있는 지역에 이익이 될 만한 시설을 서로 들여오게 하려는 사회적 현상을 '핌피(PIMFY : Please In My Front Yard) 현상'이라고 한다. 이 두 가지를 모두 지역 이기주의라고 한다.

우리나라의 경우, 지방자치제 도입 이후 님비 현상이 특히 심화되었는데, 자치구에 들어서는 혐오시설뿐만 아니라 공공시설, 환경파괴와 관련된 기간산업시설 등에 대한 거부운동이 그것이다. 입지 선정 등에서 오는 마찰은 지역 간 분쟁을 초래하고 국가발전의 저해요인으로 작용하게 된다. 집단의 이기심으로 인해 표출되는 님비 현상은 사회질서를 어지럽히고 공권력의 위상을 떨어뜨리며, 주민에게 있어서는 국가 권력에의 불신으로 이어지게 된다.

더불어 다 같이 잘 살 수 있는 방법은 자연의 순리라고 본다. 사람이란 어떠한 행동과 생각을 하든 자신의 노력과 행동, 결과가 자신이 원하는 것과 정반대로 나타나면 허무한 일이라 느끼며 하나의 고통과 연결된다.

우리는 종종 지역 이기주의 혹은 집단 이기주의라는 소리를 듣는다. 이것은 보통 개인 이기심이 커져 집단 이기심으로 변한 것이다. 예를 들어 '인체'라는 집단에서 (모든 구성원이 모여 인체를 이루지만) 만약 손이 개인 이기심이 발동하여 자신이 원하는 것을 주지 않을 때 어떠한 일도 안 하겠다고 한다면 사람은 죽고 말 것이다. 마찬가지로 이 사회도 같은 원리가 적용된다. 손이 일을 멈추면 다른 기관뿐만 아니라 자신도 죽게 되는 것이다. 그래서 우리는 자연의 섭리인 적응적 진화를 잘해야 한다. 즉 공생의 삶이 필요하다는 말이다.

한 나라의 정치도 같은 맥락에서 볼 수 있다. 다 같은 국민인데 어떤 꽃을 보고 한쪽은 붉은색이라고 말하고 다른 쪽은 푸른색이라고 말한다면 분명 한 쪽은 진실이고 다른 쪽은 거짓일 것이다. 나는 이러한 것을 자주 보았다. 2010년 3월 26일 천안함이 폭파되었을 때 한 쪽은 북의 소행이라고 주장하는데 다른 쪽은 아니라고 했다. 이것은 극도의 이기심이요, 자신의 당을 위한 유리한 발언이라고 본다. 국가의 안위 같은 것은 관심도 없었거나, 아니면 친북세력임을 의심을 할 수 있는 부분이다.

보통 이기심이 강한 자일수록 남들로부터 인정받기가 어렵고 인정받지 못하는 만큼 인격적으로나 경제적으로 어려움을 당하게 된다. 개인적으로도 자신만 생각하며 경제적으로도 궁핍의 고통으로 연결될 수 있다.

상대로부터 좋은 대접이나 사랑을 받고자 한다면 자신이 먼저 상대에게 대접이나 사랑받을 수 있는 행위나 결과를 남겨야 한다. 나 자신이 대접 또는 사랑을 못 받고 산다고 느낀다면, 지금 이 순간부터 자신의 생각과 행동을 바꿔야 한다.

- 당신은 사랑을 받고 사는가?
- 이기심이 강한 자는 남들로부터 인정받기 어렵다.
- 더불어 다 같이 잘 살 수 있는 방법을 택하라.

나를 다시
찾도록 하라

세상에는 성공보다 실패의 건수가 더 많을 것이다. 그 원인을 찾으면 성공할 수 있는 길이 열릴 것이다.

사람은 누구나 남보다 잘 살아 보려는 경쟁의 마음이 있다. 그 욕망과 욕구가 힘든 노동도 견디게 할 것이다. 그런데 욕망이나 이기심 및 욕심이 강할수록 오히려 경제적으로는 어렵게 생활하는 경우가 많다.

반면에 경제적으로 안정을 얻고 평화를 누리는 사람은 스스로 어떤 대상에 적응하는 방법을 알고 그렇게 살아가는 자들이다. 이들은 먼저 자신의 이익보다 전체의 이익을 생각한다.

실패하는 사람은 자신을 평가할 때는 이기심으로 평가하고, 상대방을 평가할 때는 옳고 그름의 잣대로 엄격히 적용하는 이중적 마음을 가진 자다. 그런 사람은 남들이 인정해 주지 않는 일을 하기 때문에 성공할 수 없게 된다.

만약에 자신의 이기심을 기준으로 물건을 팔 때 천 원짜리를 만 원에 판다면 도둑놈 취급을 받을 것이다. 상대의 행위는 인정하지 않을 것이다. 남한테 인정받지 못하는 행동은 지속될 수 없으며 그 사업은 실패로 끝나고 만다.

물질은 마음에 따라 이동하고 상대방은 나의 행동을 이해한 만큼만 나의 뜻에 동조하므로 나의 행동이나 생각이 남한테 얼마나 인정을 받느냐에 따라 성공 여부가 결정된다.

상대로부터 감사함을 받아야한다. 나를 다시 찾도록 해야 한다. 나를 도둑 취급한다면 절대로 나를 찾지 않을 것이다.

사업을 구상할 때 이기심으로 출발하면 90% 이상 실패로 연결될 수밖에 없다. 아무리 기술력이 우수하고 사업성이 좋다고 해도 이기심으로 폭리를 취한다면 성공보다는 실패할 가능성이 높다고 보아야 한다.

내가 만든 제품이 사람들에게 얼마나 필요하며 도움을 줄 것인가를 먼저 생각해야 한다. 즉 남을 배려하는 마음으로 사업을 출발한다면 성공으로 연결될 가능성이 매우 높다고 할 수 있다.

이윤을 너무 많이 챙기면 그 사업은 그만큼 빨리 망하게 된다. 이윤이 많게 되면 경쟁자가 많이 생겨 공멸의 길로 가게 된다. 욕심이 많은 자일수록 적은 돈과 노력으로 단번에 일확천금을 꿈꾸다 실패하는 경우가 많다. 나에게 이익이 많으면 많을수록 상대는 손해를 보게 되어 상대의 마음은 나로부터 멀어져 가게 된다. 얄팍한 속임수가 한 두 번은 가능할지 모르지만 그 다음부터는 힘들게 된다.

내가 받은 돈의 가치만큼 제품의 가치가 있어야 하고 상대를 만족시켜야 한다. 욕심이 강할수록 상대로부터 강한 배척의 대상이 된다.

일반적으로 기업에서 노동 생산성을 보면, 10이란 실적을 올리고 7을 받는 경우 보통 사람 취급을 받고, 6을 받으면 소중한 사람, 10을 받으면 동료나 기업주로부터 미움을 받는다. 7을 주고 10을 받으면 해고 대상 1순위가 된다. 그리고 10을 주고 3을 받으면 독립적 사업을 구상하게 된다. 이것이 일반적인 마음의 흐름이다. 직장이나 사업에서 성공하는 자는 자신이 노력한 대가만큼만 원하는 성품의 소유자다.

실패하는 사람들의 공통점은,

1. 적은 돈을 가볍게 여긴다.

2. 이득이 적은 장사에는 관심이 없다.

3. 항상 일확천금을 꿈꾼다.

4. 모든 일을 남의 탓으로 돌린다.

5. 운이 나쁘다는 말을 자주 한다.

위의 것들은 모두 욕심과 이기심의 부산물이다.

■ 돈의 가치만큼 제품의 가치가 있어야 한다.
■ 나를 다시 찾도록 하라.

도움을 주는 자가 되라

도움을 주는 것은 서로가 서로에게 하는 것이 좋다고 생각한다. 상부상조(相扶相助)는 서로 돕고 도움을 주는 것을 말한다. 스스로 돕는 것은 자조자립(自助自立)이며 자기의 향상과 발전을 위하여 스스로 애쓰며 남의 힘을 입지 않는 것을 말한다.

정의의 사도로서 약한 자를 돕는 것은 억강부약(抑强扶弱)인데 강한 자를 누르고 약한 자를 도와준다는 뜻이다. 하늘과 신령이 도움을 주는 것은 또 천우신조(天佑神助)라는 것은 하늘이 돕고 신이 도우는 것을 말한다.

위기나 위험에 빠진 사람을 돕기 위해, 자신의 몸을 아끼지 않고 뛰어들어 세상을 떠나신 분들이 많다.

여름에 수영장이나 물가에서 수영하던 아이가 빠졌는데, 이를 본 사람이 그 아이를 도우려다 버둥거리던 아이가 그 사람의 몸을 꽉 끌어안고 놔주질 않아 같이 죽거나 도와주려던 사람만 죽은 경우도 있다.

2014년 5월 30일 나의 강의를 들은 수강생 한 명으로부터 도움을 청하는 메일이 왔다. 그 학생은 '측정불확도' 강의를 올 3월에 들었는데 누구인지 얼굴이 생각나지 않았다. 먼저 나에게 보낸 메일을 소개하면 다음과 같다.

"안녕하십니까. 교수님 혹시 기억하실는지 모르겠으나 올 3월 한국산업기술시험원(KTL)의 국제적합성평가 양성과정에서 교수님의 강의를 듣게 되었던 ○○○교육생입니다. 다름이 아니오라 도플러레이더, 고속카메라 및 적외선 측정 장비의 교정과 관련하여 몇 가지 여쭙고자 메일을 보냅니다.

제가 금년 전반기 국방기술품질원의 공채모집에 지원하였는데 서류심사에 합격하여 6월 3일 진주로 면접을 보러 가게 되었습니다.

제가 지원한 분야는 ○○mm, ○○mm ○○○탄 수락시험 분야 중 시험시설과 장비 검/교정 관리 분야인데 세부내용을 살펴보니 시험계측관리 분야에 도플러레이더, 고속카메라 등을 사용하고 있어 이와 관련하여 제가 면접을 보기 전에 알아야 할 것들이 무엇이 있는지 궁금합니다.

또한 제가 이번 교육을 받게 되어 시험과 교정 분야에 대해 처음 알게 되었는데 그렇다 보니 교정 분야에 대한 경험이 없어서 어떤 장비를 다루고 어떤 업무를 보는지도 몰라 답답하기만 합니다.

이론적인 부분에서 가르쳐 주셨던 측정불확도 부분은 알고 있지만 ○○○탄 관측, 계측 장비는 앞에서 말한 도플러레이더, 고속카메라, 적외선 측정 장비 등을 제외하고 어떤 것들을 사용하는지 사전에 알아야 면접에 앞서 사전지식을 공부하고 갈 수 있을 것 같습니다.

교수님, 번거로우시겠지만 제게 조언을 해주신다면 정말 큰 도움이 될 것 같습니다. 좋은 하루 되십시오"

위 메일을 확인한 것은 2014년 5월 31일 새벽 3시였다. 그날도 2014
년 국제 군사과학기술 전시회가 고양시 킨텍스에서 진행 중이라 첫차
로 집을 나서야 하기 때문에 집에 머무는 시간에 메일에 대한 답변과
관련 참고 자료를 첨부하여 답신을 보냈다.

아직 누군지 얼굴은 잘 기억나지 않았지만 도움 요청에 대한 답신을
준비하면서 도움을 주는 자의 기쁨을 느꼈다. 항상 주는 자와 받는 자
가 있게 마련이다. 받는 것 보다 주는 것이 더 기쁨이 있다고 했다.

사실 자료를 보내면서 시간이 될 경우, 고양 킨텍스 전시장으로 오
면 더 자세한 내용을 알려 주겠다는 첨언과 함께 메일을 보냈다.

얼굴을 잘 모르는 수강생이었지만 도움 요청에 1분도 지체 없이 답
신을 해주었다. 답신하면서 귀찮다는 생각은 없었다. 이렇게 답신을
마무리하면서 도움을 주는 자의 기쁨을 글로 남겨야 하겠다는 생각이
들어 이 책에 수록하게 되었다.

- 줄 수 있는 자는 기쁨이 있다.
- 받기만 좋아하면 곁에 있던 사람도 떠난다.

단련하라

천 번을 연습하는 것은 단(鍛), 만 번을 연습하는 것을 련(鍊)이라 한다. 우리는 '단련'이란 말을 많이 쓰지만 정확한 의미를 잘 모르고 사용하곤 하는데, 이 때문에 제대로 된 단련을 하지 못하고 있다. 한마디로 단련은 목적을 이룰 때까지 하라는 것이다.

최고의 건강 관리법을 소개하고자 한다. 그런데 단련을 하지 않는다면 삼일천하로 끝나고 말 것이다.

머리를 단련하라

머리 단련은 머리를 두드리는 것이다. 손가락 끝으로 약간 아플 정도로 머리 이곳저곳을 두드리는 것인데 또는 굵은 머리빗으로 두피에 약간의 마찰을 주면서 빗기도 같은 효과가 있다. 두피가 자극되어 머리가 맑아지고 기억력이 좋아져 학업성적이 향상된다. 빠지던 머리카락도 새로 나고 두피가 떠 있는 스펀지 머리가 치유된다. 그리고 머리카락에 산소와 영양분이 원활히 공급되므로 윤기가 흐르고 아름다워진다.

눈동자를 단련하라

눈동자를 좌우로 20번, 상하로 20번, 대각선 방향으로 20번, 시계와 반시계방향으로 각 20번 회전하라. 그리고 손을 비벼서 눈동자를 지그시 눌렀다가 번쩍 뜨기를 20번 하면 시력이 좋아지고 실제로 안경이 필요 없어지는 경우도 있다. 오늘날 눈을 너무 혹사해 굉장한 피로를 느끼는 사람들이 많다. 이럴 때는 푸른 숲을 바라보고, 잠시 눈을 감고 휴식을 취해야 한다.

콧구멍을 벌려 심호흡을 단련하라

맑은 공기로 심호흡해야 하고, 가슴호흡만 하면 정신질환이 수반될 수 있다고 한다. 폐 세포는 '페롤시즘'이란 해독기관이 잘 발달되어 있어서 각종 유해물질을 잘 처리한다. 그러므로 심호흡을 하면 각종 유해물질을 배출하여 건강에 도움이 되며 머리가 맑아지고 기억력이 좋아져 학생들은 공부를 잘하게 된다. 노인들은 치매 예방에 좋다.

혀를 단련하라

혀로 입천장을 핥고 입 밖으로 뺐다, 넣으며 뱅뱅 돌리는 운동을 하라. 침은 회춘의 비타민이라고 한다. 또 침은 옥수라 했다. 평소 식사 때 꼭꼭 씹어 먹으면 충분한 침이 들어가 소화를 도와 건강에 좋다.

잇몸을 단련하라

손가락으로 잇몸을 눌러서 비비며 마사지한다. 치아를 '딱딱' 부딪치고 또 위아래를 조금씩 두드리면 치아가 건강해진다. 치아를 단련시키는 것을 '고치법'이라 한다.

즐거운 노래로 마음을 단련하라

우울하고 슬픈 일을 당했을 때도 흥겨운 노래를 여러 번 반복하면 기쁜 마음이 회복되고 생의 활기를 찾을 수 있다. 아름다운 노래는 사랑과 행복을 깨닫게 해 준다. 찬송가를 부르면 기쁨과 감격의 눈물을 흘리며 행복과 감사의 순간을 맛볼 수 있다.

귀를 단련하라

귀를 잡고 당기고, 비틀고, 비비고, 때리는 것이 건강에 좋다. 이렇게 하면 식욕을 억제하여 비만을 예방하거나 치료해 준다. 그리고 깊은 수면을 취하도록 도움을 주고 귀를 단련하면 신장, 비뇨, 생식기 계통의 기능이 활성화되도록 도움을 준다.

얼굴을 단련하라

손바닥으로, 좀 아플 정도로 얼굴을 자주 두드리면 혈관계통이 활성화되어 혈압 동맥경화 등의 치료를 돕고 혈색이 좋아져 아름다운 얼굴을 만들 수 있다. 허리가 자주 아픈 분들은 코 바로 밑 인중에 홈이 있는 곳을 두 번째 손가락으로 지그시 누르고 문지르면 효과가 있다.

어깨와 등을 단련하라

어깨와 등은 스스로하기 어려우니 머리 뒤쪽과 어깨를 스스로 지그시 누르고 엄지와 다른 손가락으로 움켜잡으며 지그시 지압을 하면 피로가 풀리고 중풍을 예방하며 우리 몸의 각 장기들을 강화시켜 준다. 부부가 서로를 마사지 해주면 백수를 보장한다고 한다.

배와 팔다리를 단련하라

배와 팔다리를 약간 아플 정도로 자주 두드리면 건강에 매우 좋다. 또 소화가 잘되고 피로가 풀린다. 그리고 새로운 활력을 느낄 수 있다. 양쪽 무릎을 두 손으로 두드리면 관절이 아주 좋아진다. 팔을 단련하기 위해 철봉에 매달려 오래 버티면 오십견이 없어진다.

곡도(穀道)를 단련하라

곡도는 항문을 말한다. 대변을 본 후 한 손에 비누칠을 해서 흐르는 물에 항문을 깨끗이 씻는다. 곡도가 열리면 죽게 된다. 젊을수록 곡도는 닫혀있다. 그러므로 곡도를 오므리고, 당기고, 풀어주는 단련을 하루도 빠짐없이 해주면 수축이 강화된다.

케겔 운동을 생활화하자. 케겔 운동은 요도나 질 및 항문의 수축 운동을 담당하는 골반저근 근육의 운동을 말한다. 케겔 운동을 하면 요실금 치료 및 성기능 강화의 효과가 있다.

손바닥을 단련하라

손바닥을 박수, 혹은 한 쪽을 주먹으로 손바닥을 치면 한 번 칠 때마다 약 4천 개의 건강 세포들이 생겨난다고 한다. 박수칠 기회가 오면 힘차게 치고 매일 단련해야 한다. 이때 엔돌핀이 팍팍 쏟아져 나온다.

발을 단련하라

발 마사지를 하면 건강에 최고이다. 발바닥을 주먹으로 치고 발가락을 전후 좌우로 돌리고, 비틀고, 발가락 사이를 지그시 약간 아플 정도로 눌러 마사지하고, 발목을 돌리는 운동을 하면 심신의 피로를 풀고 활력을 준다. 그리고 발을 단련하면 숙면을 취할 수 있다.

- 건강을 잃으면 모든 것을 잃는 것이다.
- 단련을 하루에 하나씩만 실천해도 건강에 청신호가 켜질 것이다.
- 단련은 목적을 이룰 때까지 하라는 것이다.

매달려라

기구나 고정 시설에 손으로 매달리면서 하는 운동은 근육을 발달시켜 흉곽을 넓히고 등뼈를 바르게 하는 동시에 교치성이나 정신 양성에 효과적인 운동이다. 제2차 세계대전 이전에는 학교 체육 중에서 기계를 사용하는 체조의 하나로 실시되었으며 군대에서도 채택하였는데 독일 체조의 주요 종목이기도 했다. 횡목, 늑목, 링, 조봉(느림봉), 조승(느림줄), 철봉, 평행봉 등 여러 종류의 기구가 있다.

많은 분들이 쉽고 간편하게 운동하길 원하고 있다.

실제로 철봉 운동 효과도 매우 좋고 철봉 매달리기 효과도 건강에 아주 좋은 효과가 있다고 알려져 있다. 철봉 매달리기는 철봉운동을 1시간 하는 것보다 턱걸이를 10분 하는 게 더 좋다고 한다. 철봉 매달리기 효과는 우리 몸의 근육이 수축과 팽창을 반복해주면서 단련이 되는 것이다. 따라서 철봉 매달리기 효과로 단순히 그냥 매달려 있는 것은 힘만 빼는 결과를 가져온다.

턱걸이의 주 단련 부위인 등 근육의 경우 역삼각형 만들기이므로 사용이 제한되는 단점이 있다. 철봉운동 효과를 제대로 보기 위해서는 손을 좁게 잡을수록 허리 윗부분이 단련되고 넓게 잡을수록 허리 아랫부분이 단련된다.

현대인의 근육은 과거의 인류보다 육체적 활동이 줄어들었기 때문에 약해질 대로 약해져 있다. 그리고 컴퓨터나 스마트폰 및 운전 등의 비정상적인 자세에 장시간 노출되어 철봉 매달리기와 같은 행위는 사라졌다. 그 결과 목은 앞으로 빠지고, 어깨는 둥글게 말리고, 흉추는 비정상적이고, 요추는 틀어지고, 허리의 정상 아치는 사라지고, 골반과 무릎은 틀어지고, 발의 아치는 무너지는 현상인, 비정상 정렬이 많아지고 있다.

약해진 근육, 틀어진 관절은 올바른 의학적 스트레칭과 몇 가지 운동법으로 바로잡을 수 있다. 그중에서 대표적인 방법이 격자에 갇힌 어깨를 꺼내는 철봉 매달리기 운동법이다.

매달리면서 턱걸이를 하면 등 근육과 허리 근육 및 각 장기의 근육도 운동이 된다. 특히 신장 운동은 모든 병의 원인이 되는 혈액의 산소 부족을 방지하는 효과가 있어 건강 유지에 큰 도움을 줄 수 있다.

얻고 싶은 것이 있다면 간절히 매달려야 한다. 그냥 잘 됐으면 좋겠다가 아니라 온 마음으로 기도하는 간절함을 가지고 실천으로 옮겨야 한다. 실천이 따르지 않는 간절함은 그림의 떡을 먹고 싶어 하는 것과 같다.

괴테도 '온몸을 바쳐 일할 때는 신도 함께한다'고 했다. 저지르지 않았을 때 미처 몰랐던 좋은 일들과 놀라운 일들이 끊임없이 일어나며,

갖가지의 도움과 함께 꿈꾸지도 못했던 물질적 도움이 눈앞에 펼쳐질 것이다. 지금 원하는 것이 있는가? 그렇다면 간절히 원하라. 간절히 원하면 이루어진다. 그림의 떡이 아니라 내 손 안의 떡으로 나타날 것이다.

　옛날 어느 마을에 두 청년이 있었다. 둘 다 논 열 마지기로 농사를 시작했다. 그런데 날이 갈수록 한 청년은 점점 부자가 되는데 다른 청년은 제자리걸음이었다. 그래서 부자가 된 청년에게 그 방법을 물었더니 부자가 되는 방법을 알려줄 테니 술을 사라고 했다. 그리고 부자 청년은 친구를 데리고 깊은 산 속으로 갔다. 지금부터 부자가 되는 방법을 알려 줄 테니 저 큰 소나무에 올라가라고 말했다.

　나무에 오르는 것에 두려움이 있었지만 청년은 부자가 되기 위하여 두려움을 참고 조심스럽게 나무에 오르기 시작하였고 마침내 나뭇가지가 있는 위치까지 갔다.

　부자 청년이 친구에게 처음에는 두 손으로 철봉을 잡듯이 나뭇가지를 잡고 매달리라고 하였다. 정말 죽을 지경이었다. 다음에는 나뭇가지를 한 손으로 잡고 매달리라고 했다. 매달려 있던 친구는 불평을 하였다. 이것이 부자가 되는 방법이냐고 반문을 하였다. 그때 부자 친구는 부자가 되는 방법을 다 일러주었으니 그만 나무에서 내려오라고 하였다.

　나무에 매달렸던 친구는 아무리 생각해도 그 뜻을 알 수 없어 다시 물었더니 부자 친구의 답변인즉, 한 손으로 나뭇가지에 매달리듯 자네 수중에 들어온 돈을 붙잡고 있으라는 뜻이라고 말했다.

　매달린다는 뜻은 전적으로 몰두한다는 의미와 간절히 바란다, 또는 강력하게 붙잡는다는 의미로 해석할 수 있다.

요즘 젊은이들은 끈기가 부족하다. 그래서 어려움을 견디지 못한다는 지적을 받는 경우가 많다. 왜냐하면, 자라면서 어려움을 경험해 보지 못한 탓이다. 그렇기 때문에 어떤 일을 하다가 조금만 힘들어도 포기해 버리고 마는 것이다. 그리고 실패를 두려워하는 것이다.

우리나라 속담에 '우는 놈 떡 하나 더 준다'는 말이 있다. 여기서 운다는 말은 매달린다는 것이다. 자신이 원하는 것, 성취하고 싶은 것이 있다면 매달려 보라! 그러면 얻게 될 것이다.

- 매달리면 원하는 것을 얻을 수 있다.
- 간절히 원하면 이루어진다.
- 철봉 매달리기는 등 근육과 허리 근육 및 신장을 강화시킨다.
- 온몸을 바쳐 일할 때는 신도 함께 한다.

부드러움의 능력

"봄부터 가을까지 들이나 산에서 흔히 볼 수 있는 강아지풀이 다른 잡초와 함께 머리를 숙인 채 서 있다. 강아지풀은 항상 머리를 숙여 부드럽고 겸손한 느낌을 풍긴다. 부드러움은 여유이고 강함을 나타낸다"

생활 가운데 유머 있는 말을 잘하는 사람이 있다. 유머란 세상을 움직이는 데 큰 힘이 되는 유연성을 의미한다. 또 객관적으로 바라볼 수 있는 마음의 여유를 말한다. 유머는 상대방의 마음을 흔들고 호의와 동정을 얻을 수 있는 말이다.

대통령 선거 유세에서 존슨이 케네디의 짧은 경험을 빗대어 "대통령은 백발이 좀 있는 사람이어야 한다"고 말할 때 케네디는 대통령에게 중요한 것은 "머리카락이 아니라, 머리!"라고 맞받아쳤다고 한다. 이와 같이 유머는 부드러운 말이지만 대단한 위력을 지니고 있다.

성인 중 한 사람인 노자는 제자들에게 마지막 가르침을 주기 위해 제자들을 모두 모이게 한 후 자신의 입안을 보라고 지시했다. 그리고 무엇이 보이는지 말하도록 한 사람 한 사람에게 모두 물어보았다. 이 구동성으로 입속에는 스승님의 붉은 혀밖에 없다고 답변하였다. 그때 스승은 "그래 제대로 보았다. 그 혀를 보라는 것이지. 혀는 부드러웠기 때문에 한평생을 나와 함께 할 수 있었던 반면에 부드럽지 못한 치아는 모두 사라지고 말았다. 그러니 앞으로 세상을 살아가면서 부드러움의 여유를 가지고 살아가라"고 가르침을 주었다 한다.

우리 주변에는 여유 없이 살아가는 사람들이 참으로 많다. 늘 무엇에 쫓기면서 사는 사람이 있는가 하면, 죽지 못해서, 판에 박힌 일만 하면서, 아무 감동도 없이 덤덤하게 살기도 한다. 후회와 한숨으로 한탄 하는 이들은 목숨만 이어갈 뿐 진정한 삶을 살아간다고는 볼 수가 없다.

에머슨이 삶에 대하여 한 말 중에 인생은 경이로움의 연속이라는 말이 있다.

인생은 멋진 파노라마와 같다. 운전 중에 차창 밖 경치를 감상하면서 가려면 너무 느리지도 빠르지도 않게 적당한 속도로 차를 몰아야한다. 여유 있는 삶을 위하여 우리는 삶의 속도를 조금 늦출 필요가있다. 우리가 삶의 여유를 찾지 못하는 것은 복잡한 사회 환경 탓도있지만 근본적인 원인은 자신의 잘못된 선택 때문이다. 자신의 욕심에 매여서 꼼작 달싹 할 수 없는 것이다.

마음 깊은 곳에서 새로운 생각들을 끌어내고 시야를 넓혀 갈 때, 우리는 더욱 활기찬 삶을 살 수 있을 것이다. 마음이 어둡고 산란할 때는 가다듬을 줄 알아야 하고, 마음이 긴장되고 딱딱할 때는 놓아버릴

줄도 알아야 한다.

　그렇지 못하면 어두운 마음을 고칠지라도 흔들리는 마음이 다시 병들게 되기 쉽다. 하루가 다르게 세상이 변하는 시대에 모든 것이 '빨리빨리'로 통한다. 마치 불빛을 쫓아 거침없이 질주하는 불나방처럼 많은 사람들이 앞만 보고 쉼 없이 살아가는 세상이다.

　하지만 급변하는 세상에 맞추어 숨 가쁘게 살아가다 보면 지치기 마련이다. 그럴수록 마음의 여유가 필요하다. 훌륭한 운동선수들은 큰 경기에서 남다른 여유가 있다. 그만큼의 많은 훈련을 통한 자신감과 경험 때문이기도 하겠지만, 중요한 것은 스스로 마음의 여유를 갖는 태도 때문이기도 하다. 모든 운동의 기본원칙 중의 하나가 힘을 빼는 것이다. 욕심과 긴장으로 몸에 힘이 들어갈수록 좋은 성적이 나오지 않기 때문에 몸에 힘을 빼고 여유가 있어야 좋은 성적을 거둘 수 있다.

　우리 인생에서도 너무 긴장해서 서두르다 보면 일을 그르치기 쉽다. 서두르는 것과 최선을 다하는 것은 다르다. 급하게 서두르면 초조하고 불안한 마음 때문에 집중이 안 된다. 무슨 일을 하든지 마음의 여유를 갖고 전체를 보고 끝을 생각하면서 일을 할 때 좋은 결과를 얻을 수 있다. 자신이 가진 능력과 물질이 부족하다고 불안해하며 서두르기보다는 가진 것에 감사하는 마음으로 여유 있는 태도를 유지하는 것이다.

　마음의 여유가 있는 사람은 말과 행동에서 여유가 느껴진다. 밝게 빛나는 햇살을 보며, 향기 좋은 차를 마시고, 좋은 음악을 들으며 마음의 여유를 갖는 하루가 되어야 한다.

- <u>부드러움은 여유이며 능력이다.</u>
- <u>부드러움이 강함이다.</u>

▶ 먼저 가정과 직장에서 당신의 부드러움을 시험해보라.

▶ 몸에 힘을 빼고 여유가 있어야 좋은 성적을 거둘 수 있다.

▶ 유머란 세상을 움직이는 데 큰 힘이 된다.

▶ 마음의 여유는 좋은 결과를 얻을 수 있다.

문제와 해답

"뭉게구름이 하나둘 떠 있는 파란 바탕의 하늘에 찬란한 태양 빛이 비추고 있다. 구름은 낙망을 상징하고 태양은 희망을 의미한다. 어떤 일의 실패로 낙망하고 있다면 이것은 이 세상에서 가장 작은 문제이다. 왜냐하면 그 문제와 해답은 우리의 마음속에 있기 때문이다"

당신은 하루에 몇 번 웃는가? 하루에 화는 몇 번 내는지 생각해 보았는가?

일반적으로 웃는 것 보다 화내는 시간이 많다고 한다. '윌리엄 서머싯 몸'은 현재뿐 아니라 미래까지 걱정한다면 인생은 살 가치가 없다고 말했다. 현재는 물론 미래까지 걱정하면서 정작 현재에는 노력하지 않는 사람이 많다.

'에피쿠로스'는 못 가진 것에 대한 욕망으로 가진 것을 망치지 말고 지금 가진 것이 한때는 바라기만 했던 것 중 하나였다는 것만 기억하라고 말한다.

인간은 끝없는 욕망 때문에 자신의 삶에 만족을 못한다. 그래서 불행한 것이다. 사람은 축복으로 태어났으며, 해야 할 일들이 있다.

오늘 가진 것에 행복을 느끼는 마음을 가져야 한다. 어느 누구도 자신의 마음을 다스려주지 않는다. 마음을 다스리는 것은 단 한 사람, 오직 자신이다.

마음에 새로운 희망의 열정을 풀어 놓으면 낙망은 사라지고 더 위대한 일을 할 수 있게 된다. 시기하고, 질투하고 또 미워하는 마음이 있다면 이것은 마귀의 마음이다. 이것도 가장 작은 문제 중 하나이며 이것들을 제거할 수 있는 것은 사랑이다.

지금 사랑하는 이와 이별로 괴로워하는가? 가난으로 삶에 지쳐있는가? 일에 불만이 있어 얼굴이 밝지 않은가? 질병으로 고통 중에 있는가?

이러한 모든 문제와 해답이 우리의 마음속에 있다.

인간이 태어나면서 갖는 마음은 문제를 품을 수 있는 마음이고 변화된 자의 마음은 해답을 가진 자의 마음이다. 거듭난 자의 마음은 통회하는 마음, 진하고 부드러운 마음, 평안한 마음, 청결한 마음, 넓은 마음으로, 기쁘고 순진한 마음, 성실하게 순종하는 마음, 온전한 마음, 정직한 마음, 강하고 담대한 마음 등이 있다. 우리를 만드신 분의 손에 우리의 마음을 맡겨야 새롭고 거듭난 자의 마음으로 바뀔 수 있게 된다.

■ 당신은 하루에 몇 번 웃는가?

■ 당신은 칭찬에 인색하지 않는가?

■ 부드러운 마음이 있는가?

■ 문제와 해답은 우리의 마음속에 있다.

▶ 노력은 끊임없이 움직이고 반성은 가리지 않고 해야 한다.

▶ 마음속에 모든 해답이 있다.

실패는
성공을 낳는다

조선 시대 말, 한 농부가 외국인 신부에게 자랑을 했다. "우리 조선의 지게는 무거운 물건도 가볍게 질 수 있는 최고의 유산입니다"

이 말을 들은 신부가 혀를 차면서 이렇게 답했다. "조선이라는 나라는 오래갈 수 없습니다. 그렇게 변화와 발전이 없어서 어떻게 이 나라가 살아남겠습니까?"

그러나 지금 대한민국은 과거의 조선과는 분명히 다른 모습이다. 그럼에도 불구하고 우리는 영국의 발명가 다이슨의 삶을 배워야 한다. 보수적이고 정체된 영국에서 '비틀스 이후 가장 큰 성공을 거둔 영국 제품'이라는 '다이슨 청소기'의 정신을 배워야 한다. 5,126번의 실패 후 5,127번째 거둔 성공이다. 다이슨 본사 건물 문 손잡이에 붙은 스티커에는 이런 글이 쓰여 있다.

"전기를 이용한 최초의 선풍기는 1882년 발명됐다. 날개를 이용한 그 방식은 127년간 변하지 않았다"

날개가 없는 선풍기의 원리를 설명하는 제임스 다이슨은 '혁신은 결코 단거리 달리기가 아니라 마라톤'이라고 말했다.

또 윈스턴 처칠 경은 '성공이란 열정을 잃지 않고 첫 번째 실패에서 다음 실패로 계속 나아갈 수 있는 능력'이라고 했다.

다이슨은 '내 성공의 비결은 사람들이 매일 사용하고, 그래서 더 이상 개선의 여지가 없다고 생각한 제품을 끈질기게 관찰하는 데 있다. 다만 소비자의 습관을 읽고 깜짝 놀랄 만한 것을 내놓아야 한다. 당신이 만든 걸 소비자들이 좋아하도록 이끌어야 한다'고 말한다.

'혁신'은 이미 있는 기술과 다양한 분야를 융합하고 수렴하여 사람들이 진정으로 원하는 제품이나 일들을 만들어내는 것이다. 항상 소비자의 입장에서 사고하는 습관, 고급 기술 보다는 한 차원 높은 생각 즉 '생각의 힘'이 필요하다.

학창시절 배운 육상과 수영, 연극은 다이슨에게 훌륭한 스승이 되었다고 한다. 달걀 껍데기는 아주 약한 소재지만 그것이 달걀 모양이 됐을 때는 튼튼해진다. 반면 성냥갑의 경우, 훨씬 두꺼운 재료로 만들지만 직사각형이라는 형태 때문에 쉽게 구겨진다.

열정과 지식이 있으면 무엇이든 가능하다. 그러나 사람들의 눈치를 보면서 개발 초기 단계부터 타인의 평가를 걱정할 필요는 없다. 중요한 것은 당장 최선이 아니더라도 문제를 해결하는 것이며 그 과정이 즐겁다는 것, 그래서 많은 사람이 그 길을 따라온다는 것이다.

뭔가 새로운 것을 팔 때 여러 메시지를 섞어서는 안 된다. 아무리 멋진 아이디어라도 소비자는 한 가지 메시지를 제대로 이해하기도 벅

차다. 만약 소비자가 뭘 원하는지 정확히 안다면, 당신이 제품에 대한 이야기를 꺼내기도 전에 소비자가 당신을 찾아올 것이다.

어떤 물건을 개량하기 위해 필요한 것은 인내다. 정말 끈질기게 참아내야 한다. 다이슨 역시 5,127번이나 끈질기게 참아 냈다.

경험적인 실험을 하려면 한 번에 한 가지씩 변화만 주고 그 효과를 살펴봐야 한다. 그리고 이것은 바로 에디슨이 했던 방식이기도 하다.

사람이라면 무에서 유를 창조해 내고 싶어 한다. 고단한 실험이나 오랜 노력은 생략하고 말이다. 하지만 그런 대도약은 존재하지 않는다. 각고의 노력 끝에 변화가 생기고, 그 결과물이 마치 대도약처럼 보일 뿐이다.

자동차, 전화기, 텔레비전, 이 모두가 유럽에서 발명됐지만 실제 상업적인 성과를 누린 곳은 미국이었다. 발명이란 흐르는 물과 같이 연속된 과정이다. 하나의 발명이 다른 하나를 만들어 낸다. 실제 대부분의 발명이 그렇다. 무에서 갑자기 나오는 발명이란 없다. 진공청소기는 듀얼 사이클론 기술을 바탕으로 하지만, 실제 제품이 나오기까지는 처음 그 발명을 떠올리고 12년간 끊임없이 연구 개발한 과정이 있었다.

다이슨의 발명 철학은,

　- 제도판 앞에 앉아선 아이디어가 나오지 않는다.

　- 제품은 매일 팔린다.

- 새로운 기술

- 에디슨식 접근

- 영구 혁명

- 디자인

- 정력과 자기 확신

- 완벽한 통제였다.

- **실패라는 변화 속에서 성공의 길을 찾을 수 있게 된다.**
- **실패는 실망이 아니라 성공으로 인도하는 안내자이다.**

건강하게 사는 법

더 오래 살고, 더 젊어 보이고 더 아름답게 사는 법은 건강하게 오래 사는 방법이라고 말할 수 있다. 방법은 채소를 많이 먹고 매일 신체활동을 하고 담배를 피우거나 설탕을 너무 많이 먹는 것을 피하는 것 등이다. 젊고 건강하게 오래 사는 방법 5가지를 소개한다.

1. 달리기

하루에 5분만 달려도, 성인 55,000여 명을 대상으로 한 연구결과에 따르면, 달리기를 한 사람들은 그렇지 않은 사람들에 비해 평균 3년을 더 산 것으로 나타났다.

달리기는 신이 내린 가장 좋은 보약이라 한다.

달리기는 가장 좋은 세 가지를 모두 충족시키는데 그 첫 번째가 뇌라고 한다. 달리기를 하면 뇌가 빨리 늙지를 않고 운동신경이 퇴화하지 않아 치매 예방에도 최고의 보약이고, 두 번째는 심장인데 달리는 동안 온몸 구석구석에 피와 산소를 공급하여 세포에 건강을 주어 일반인에 비해 암 발생률이 절반 이하이고 심혈관 질환 예방에도 달리기는 최고의 명약이라 한다. 그리고 세 번째는 하체인데 다리가 무너지면 모든 몸이 무너진다고 한다. 마찬가지로 잘 걷지 못하면 운동량이 현저하게 떨어져 근육량이 줄어들고 그와 더불어 각종 성인병이 시작 된다.

걷지 못하면 앉고 싶고, 앉으면 눕고 싶고, 누우면 자고 싶은 것이 자연의 흐름인 것이다. 달리지 못하면 걷기를 하는 것도 달리는 것과 비슷한 효과를 얻을 수 있는데, 사실 만 보를 걷기는 그리 쉽지 않다. 달리기 역시 쉬운 운동이 아니다. 그러나 달리기를 하면 길에다 체지방을 버리고 대신 생기 있는 건강을 무상으로 얻는다고 보면 된다.

2. 책임역할

화초를 가꾸거나 저녁 시간 어떤 영화를 볼지 선택을 하는 등의 사소한 일이라도 '책임역할'을 하는 사람은 자신의 결정 사항을 주위 사람에게 의지하는 사람보다 오래 사는 것으로 나타났다.

3. 자원봉사

여러 연구결과에 따르면, 자원봉사를 하는 사람들은 사망률이 20% 감소하며 우울증은 크게 낮아지는 대신 삶에 대한 만족감과 전반적인 삶의 질이 향상되는 것으로 나타났다.

봉사를 꾸준히 해 온 사람들에게서 가장 뚜렷하게 나타나는 현상은 바로 혈압이 내려간다는 것이다. 고혈압이었던 분들이 자연스럽게 정상 혈압의 수치로 내려왔다는 것이다. 그 이유는 여러 가지가 있다.

먼저, 대부분 봉사를 하게 되면 가만히 앉아있기보다 활발히 움직이게 된다. 따라서 운동량이 증가하게 되어 운동한 효과가 나타나게 되는 것이다. 또한 봉사한 후 느끼는 보람은 우리 몸속 스트레스를 없애는 데 도움이 많이 된다고 한다. 봉사를 통해 기쁨과 보람을 느끼면 자연스럽게 우리 몸속 엔돌핀 분비를 촉진시키기 때문이다.

4. 긍정적인 태도

긍정적인 태도는 건강에 매우 좋은 영향을 준다. 하지만 약간의 건전한 비관주의도 같은 효과를 낸다. 이상만 추구하는 사람보다 좀 더 현실적인 사람들은 그들의 삶에 대해 더 신중하고 시련에 더 준비가 잘 되어 있으며 완전히 낙관주의적인 사람들보다 더 오래 산다.

세상의 일들에 대해서 두려움이 없고 도전을 하면서 큰 걱정을 계속하지 않고, 결과에 수긍하면서, 앞으로의 일에 대해 다시 힘을 내서 도전하는 사람들을 '긍정적인 사람'이라고 한다.

세상을 밝게 보고, 긍정적으로 바라보면서 얻을 수 있는 힘과 행복이 있다고 한다. 긍정적인 마인드는 정신뿐만 아니라 스트레스의 회복에도 영향을 주기 때문에 신체의 건강에도 좋은 영향을 준다.

5. 서 있기

정기적으로 운동하지 않는 사람들도 일어서서 보내는 시간이 많을수록 심혈관질환으로 인한 사망률이 낮은 것으로 나타났다. 즉, 더 많이 서 있을수록사망률이 낮다는 뜻이다.

앉는 순간 건강이 무너진다. 자리에 앉은 지 불과 90초만 지나도 인슐린과 관련된 세포 반응이 작동을 멈추기 시작한다. 결과적으로 포도당을 제대로 처리하지 못하게 된다. 30분이 지나면 중성지방이 빠르게 증가하기 시작한다. 장시간 앉아 있는 것과 심장병 발병에 대한 연구는 오래전부터 있었다.

음식을 먹으면 우리 몸은 이를 포도당으로 바꾼다. 그리고 이 수치를 정상적으로 유지시키는 호르몬이 바로 인슐린이다. 이 인슐린이 효과적으로 일하기 위해서는 근육이 활성화되어야 한다.

특히 다리 근육의 수축과 이완이 중요하다. 그런데 앉아서 잘 움직이지 않으면 당연히 인슐린의 작용이 떨어지고 혈액 속 포도당이 근육으로 이동하지 못해 혈액 속을 떠돌면서 당 수치가 증가한다.

이는 당뇨나 심혈관 질환의 위험을 높일 뿐 아니라 사망률과도 관계가 있는 것으로 보인다.

2012년 미국인 17,000여 명을 대상으로 한 연구에서 앉아서 일하는 시간의 증가에 따라 사망률도 증가하는 추세를 보이는 것으로 보고되었다. 2012년 국제 당뇨병 학술지는 앉아서 보내는 시간이 많은 사람들은 그렇지 않은 사람들에 비해 당뇨병 발생 위험 112%, 심혈관 질환 발병 위험 147%, 심혈관 질환 사망 위험 90%, 전체 사망 위험이 49% 높다고 밝혔다. 미국암학회에서도 하루 6시간 정도 앉아서 생활할 경우 여성은 평균 37%, 남성은 18% 정도 조기 사망 위험이 높다고 발표했다.

오래 앉아 있는 습관은 심장을 이중 막의 형태로 둘러싸고 있는 심낭에 지방이 쌓이게 한다. 이를 심낭 지방이라 부르는데 이는 심장 기능을 손상시키고 심혈관 질환(심근경색, 심장마비, 동맥경화 등)에 걸릴 위험을 네 배까지 높인다. 500명을 대상으로 한 미국의 한 연구에서는 1시간 앉아 있는 것이 2.39cm만큼의 심낭 지방을 늘어나게 한다고 보고했다. 결국 오래 앉아 있을수록 우리의 허리둘레는 굵어지고 비만과 심혈관 질환이 깊어진다.

또 오래 앉아 있는 습관은 암 발병률과도 무관하지 않다. 10년 이상 오래 앉아서 일한 사람은 그렇지 않은 사람에 비해 거의 두 배 정도 대장암의 위험성이 높고 직장암의 위험도 44% 더 높다. 또 부족한 활동량이 대장암, 유방암, 자궁내막암 발생의 위험 요인이라는 확실한 근거도 제시되고 있다. 그 외 전립선암, 난소암, 심지어 폐암까지도 활동량과 관련해 암 발생 위험도를 높인다는 연구 결과들이 보고되고 있다.

서서 일하라! 스탠딩 데스크는 이름 그대로 높이를 조절해 서서 업무를 볼 수 있는 책상이다. 우리에겐 생소하지만 18~19세기 부유층 사이에서 이미 유행했던 스타일로, 윈스턴 처칠, 어니스트 헤밍웨이 등이 애용한 것으로 유명하다. 그리고 스탠딩 데스크 아래로 러닝머신이 장착돼 있어 일을 하면서 천천히 걸을 수도 있다.

스탠딩 데스크를 이용하면 앉아 있을 때보다 1분에 평균 심장박동 수가 10회 정도 빠른 것으로(1시간에 50칼로리 이상을 태우는 것과 같은 효과) 나타났다. 만약 주 5일 근무에 3시간씩 서서 일한다면 일주일에 740칼로리, 1년이면 3만 칼로리(마라톤을 10번 뛴 칼로리)를 더 소비하는 셈이다. 뿐만 아니라 앉아 있는 사람보다 스탠딩 데스크를 사용하는 사람의 혈당이 식사 후 정상으로 돌아가는 속도가 훨씬 빠른 것으로 나타났다.

서서 일하면 힘들기보다 오히려 활기차고 에너지가 차오르는 기분을 느끼고 집중력도 향상될 것이다. 서서 일하면 일의 우선순위가 명확해지면서 일이 순서대로 착착 진행된다. 다른 곳에 주의를 분산시킬 여유가 없기 때문이다. 또 몸을 움직여야 할 일이 있으면 곧바로 움직일 수 있어 훨씬 활동적이 된다.

지금 일어서라. 자리에서 일어서면 다리와 등 근육이 작동하면서 신진대사율이 높아진다. 그리고 우리 몸은 콜레스테롤을 더 효율적으로 처리한다. 1시간마다 자리에서 일어나 10분 정도 걸어 다니는 것이 지나치게 오래 앉아 있을 때의 문제점을 해소하고 노동 생산성을 높일 수 있는 방법이라고 말할 수 있다. 일하는 중간에 자세를 바꾸고, 걷고, 스트레칭 등으로 몸에 자극을 주는 것이 필요하다.

그런 적절한 휴식이 대사 질환의 위험을 알리는 인슐린과 당 수치 및 콜레스테롤 수치 등을 개선시킨다는 것은 이미 연구들을 통해 확인되었다.

휴대폰이 울리면 일어서서 전화를 받고 통화가 길어질 것 같으면 걸어 다닌다. 출퇴근할 때나 장을 보러 갈 때 가까운 거리는 걷고, 엘리베이터 대신 계단을 이용하고, 지하철이나 버스에선 일부러 서 있기 위해 애쓴다.

다시 한 번 기억하라. 자신의 체중을 운반하는 것이 우리가 할 수 있는 가장 건강한 행위 중 하나다. 일상의 움직임이 당신을 비만, 심장마비, 뇌졸중, 혈관 질환, 당뇨병 등으로부터 보호해줄 수 있다는 사실을 말이다.

- 서서 일하라.
- 지금 일어서라.
- 건강하게 오래 사는 방법을 습관화하라.